法令用語ア・ラ・カルト

眞田芳憲［著］
矢沢久純［補訂］

中央経済社

はしがき

本書は、著者である眞田芳憲教授が中央大学通信教育部月刊誌『白門』上に投稿された八回の連載（二〇〇〇年九月号～二〇〇一年六月号）を基礎として、一書にまとめたものである。眞田先生は生前、この連載をまとめて上梓する構想を有していたが、他書の執筆に追われ、ついに二〇一七年一一月、幽明界を異にされてしまった。そこで、一九九〇年代半ば以降、眞田先生のご著書の校正作業等をお手伝いしてきた森光・現中央大学教授と矢沢が、中央経済社のご了承をいただき、刊行するものである。書籍化のための原稿の原本は失われているが、そのコピーを矢沢が預かっており、そこに眞田先生が自筆で修正や追記をされていた。書籍化の遅延はひとえに矢沢の怠慢が原因であるが、連載後の法改正をすべて確認し、かつ法学学習者にとって必要な項目を追加して、どうにか上梓することができた。連載時と記述の順序が変わっているのは、著者自身による順序変更のメモを基本とし、一冊の書籍としての体裁を考えて、必要事項を追記したからである。これを眞田先生のご仏前に捧げて、書籍化の遅延につき、お許しを請いたいと思う。

法令用語の規則の存在により、「少ない文字数で、読み手が、極力、一義的に法文を理解できる」という利点が生まれる。こうした法令用語についての解説書は何点か存在するが、それなのに敢えて本書を刊行するのは、法令用語の解説としては名著であっても、「法学の研究者・教育者の視点から詳細に書かれたもの」は少ないのではないかとの憂慮からである。眞田先生は長年、法学部における法学教育に携わってこられた。本書は、こうした授業経験を基に、法学入門者がつまずきやすい箇所を確実に習得してもらい、法文というものから法の在り方や法学全体、さらには日本語における法文という一つの表現形態について考えてもらうことを目指した。そのため、本書は、初級の段階が過ぎたら役目が終わってしまう書籍ではない。諸法について学んだ後にも繰り返し繙《ひもと》いてもらうことで、法文の奥深さや初学者のときには気付かなかった事項に気付いてもらい、深い学習・研究に進んでいってほしい。

30講を初めから読み進めてもらうことを想定しているが、関心を持った講から読んでいただいて構わない。30講とすることで、大学の授業の副教材として使いやすくした。

補訂と校正作業に際しては、北九州市立大学法学部法律学科二年生の髙野朱史さんと三隅凛さんの助力を得た。ここに記して、感謝の意を表する。また、実際の編集作業を担当して下さった中央経済社学術書編集部の露本敦氏にも、篤く御礼申し上げたい。

二〇二三年四月

補訂者　矢沢久純

[目　次]

目　次

I

成文法をめぐるア・ラ・カルト

1 法律

私たちがある法的判断を下す場合に、その準拠すべき法は何を手がかりとして認識され得るのかということが問題となる。ここで手がかりとされるものが、大きく分けて成文法と不文法ということになる。そして、前者には憲法、法律、命令、規則（議院規則と裁判所規則）、条約及び条例などがあり、後者には慣習法、判例法及び条理がある。

憲法五九条一項は、「法律案は、この憲法に特別の定のある場合を除いては、両議院で可決したとき法律となる。」と定めている。それゆえ、本条に従えば、国会が制定する法規範が「法律」ということになり、この種の法律を一般に形式的意味での法律という。

しかし、「法律」という用語は右のような意義で一義的に使用されているわけではない。事実、大学で「法律」の勉強をするという場合、国会制定法はもとより、その他の成文法及び諸種の不文法、さらには外国法や過去の歴史の中に生起した法律すらもここには含められている。実際、憲法や諸種の法律などで用いられている場合でも、「法律」という用語は決して一義的に使われているわけではない。

次の条文の中で用いられている「法律」で、憲法五九条一項の「法律」の意義とは異なる用語法で用いられているものがあるとすれば、それはどれか。異なる場合、それはどのような意義で用いられているか。
〔1〕憲法七三条「内閣は、他の一般行政事務の外、左の事務を行ふ。
一　法律を誠実に執行し、国務を総理すること。」
〔2〕憲法七六条三項「すべて裁判官は、その良心に従ひ独立してその職権を行ひ、この憲法及び法律にのみ拘束される。」
〔3〕刑法三八条三項「法律を知らなかったとしても、そのことによって、罪を犯す意思がなかったとすることはできない。ただし、情状により、その刑を減軽することができる。」

一　行政権は言うまでもなく、法律に基づいて、法律に従って行使されなければならない。この原理は、一般に「法律による行政」と呼ばれ、行政の領域における法治主義思想の一表現と解されている。したがって、憲法七三条一号の「法律」は、当然に国会が制定した法律を意味する。
「法律による行政」は、すべての行政活動が法律に違反して行ない得ないこと、すなわち行政手続法の定めるところに従って行なわねばならないことを意味する。もし法律に違反した行政が行なわれたときは、損害賠償（憲法一七条）により実体的救済の道が認められ、手続面での司法的保障及び行政不服審査法による行政機関による保障が認められることになる。

二　憲法七六条三項の「法律」を国会制定法と理解しなければならないとしたら、どのような問題が生じるであろうか。

いわゆる「**法の欠缺**」の場合、すなわち実際に発生した事件に適用可能な制定法がまったく存在しない場合とか、仮に制定法の規定が存在しても、時代の変化に対応できず、実際生活との間隙が大きく、強いてこれを適用すると、むしろ不正義や不公正という結果を招来する場合に、裁判官は既存の制定法の中に適用すべき法律がないことを理由に、あるいはまた不正義の招来を恐れて裁判を拒絶することができるであろうか。

フランス民法には、「法律の不備、法律の欠漏を口実として裁判をすることを拒絶する裁判官は、濫りに裁判をしない罪として罰せられる。」（四条）という規定がある。しかし、わが国の国家法にはフランス民法四条のような直截的な規定は存在しない。

それでは、このような場合、裁判官は裁判を拒絶できるのであろうか。それはできないと解すべきである。なぜならば、憲法は「何人も、裁判所において裁判を受ける権利を奪はれない。」（三二条）と定め、裁判を受ける権利を国民の基本的人権として保障しているからである。

したがって、裁判官は適用すべき制定法の有無にかかわらず、いかなる場合であれ裁判をしなければならないことになる。しかし、憲法七六条三項の「法律」を国会制定法に限れば、法の欠缺の場合、裁判官はその職務を遂行し得なくなる。それゆえ、憲法七六条三項の「法律」は、国会制定法に限定せず、政令等の命令、規則、条例、条約などの成文法はもとより、慣習法、判例法、条理などの不文法をも含めて、法規範一般という広い意味で解さなくてはならないということになる。

三　近代刑法の大原則として「罪刑法定主義」と呼ばれるものがある。すなわち、この原則は、法律がなければ犯罪もなく、刑罰もあり得ないということであって、どのような行為をすれば犯罪となり、その犯罪となった行為にどの程度の刑罰が科せられるのかということを、あらかじめその行為の事前に明文の法律で規定されていなければならないという思想を原則化したものである。

罪刑法定主義の具体的内容として、（1）不定期刑の禁止（刑罰の期間の長さが決まっていない刑は、囚人にはかりしれない不安感と絶望感を与え、人道に反する）、（2）刑罰法規の遡及の禁止（行為の時にその行為が犯罪として刑罰を科せられるものと定められていなかったときは、その後に定められた法律の効力を行為の時まで遡らせ、行為者を処罰することは許されない（憲法三九条前段））、（3）類推解釈の禁止（類推は、法解釈の一方法として一般に認められているものであるが、刑法の場合においては、法律の規定がないのに、結果において犯罪と刑罰を認めることになるので、これは禁止されねばならない。ただし、適用を受ける行為者に利益になる類推解釈は許される)、(4) 慣習刑法の禁止(慣習法は不文の法であり、かつ時と場所で異なり、内容が不明瞭で漠然としており、これを基礎として犯罪の型を明確にし、これに科せられる刑罰を確定しておくことはできない) などがある。

このように罪刑法定主義の原則が支配する刑法の観点からすれば、刑法三八条三項の「法律」には不文法が含まれ得ないことは当然である。しかし、この「法律」を国会制定法に限るとするのはあまりにも狭きにすぎる。それゆえ、刑法三八条三項の「法律」は、国会制定法という意味での法律はもとより、命令・規則・条約・条例などの成文法をも意味するものと解すべきである。現に、地方公共団体が制定する条例に刑罰規定を置いてもよいことが明文で定められている(地方自治法一四条三項)。

Let's try

憲法の中に「法律」という語句がいくつも登場する。それらについて、その具体的意味内容を考えてみよう。

2　法令

国立印刷局から、『法令全書』と呼ばれる法令集が毎月、発行されている。この法令集は、明治一八年（一八八五年）一月以来、編集発行されているという長い歴史と伝統を保持しているものである。

今日では、この『法令全書』には、「憲法改正、詔書、法律、政令、条約、内閣官房令、内閣府令、デジタル庁令、省令、規則、庁令、訓令及び告示等を集録する」ものとされている（官報及び法令全書に関する内閣府令二条）。

このように、『法令全書』には非常に広範囲のものが集録されていることもあって、「法令」という用語は法律上、確定された法令用語ではなく、通常の日常用語と理解されている向きもある。しかし、「法令」は立派な法令用語である。

例えば、民法九一条は、任意規定と異なる意思表示について「法律行為の当事者が法令中の公の秩序に関しない規定と異なる意思を表示したときは、その意思に従う。」と定め、「法令」という用語を用いている。他の法令の罪に対する適用について定めている刑法八条の場合も、

「この編の規定は、他の法令の罪についても、適用する。ただし、その法令に特別の規定があるときは、この限りでない。」と、同じように「法令」という用語が使われている。地方自治法にも、この「法令」という用語は頻繁に用いられている。例えば、同法一四条一項の「普通地方公共団体は、法令に違反しない限りにおいて……条例を制定することができる。」などもその一例である。

それでは、「法令」とはいかなる意味で用いられているのであろうか。通常、「法令」は、国会が制定した形式的意味での「法律」（憲法五九条）と国の行政機関によって制定された法形式である政令・府令・省令等の「命令」（憲法七三条六号、国家行政組織法一二条一項）とあわせて呼ぶときに使われる。先に挙げた三つの条文に用いられている「法令」は、その代表例である。

しかし、この用語は、法規によっては右に述べた意味よりも多少広い意味で使われる場合も少なくない。

例えば、刑事訴訟法三九条二項は「前項の接見又は授受については、法令（裁判所の規則を含む。以下同じ。）で、被告人又は被疑者の逃亡、罪証の隠滅又は戒護に支障のある物の授受を防ぐため必要な措置を規定することができる。」と定め、明文で「裁判所の規則を含む」ものとしている。さらに、平成五年に制定された行政手続法は、これよりも一歩進めて、同法において用いられている「法令」についての定義規定を置いて、「法律、法律に基づく命令（告示を含む。）、条例及び地方公共団体の執行機関の規則（規程を含む。以下「規則」という。）をいう。」と定めている（二条一号）。

それでは、次の設問を考えながら、「法令」という用語の意味についての理解を深めることにしよう。

次の条文の中で用いられている「法令」で、法律と命令をあわせて呼ぶときに用いられる通常の用語法とは異なる意味で用いられているものがあるとすれば、それはどれか。異なる場合、それはどのような意義で用いられているか。

〔1〕刑法七条一項「この法律において『公務員』とは、国又は地方公共団体の職員その他法令により公務に従事する議員、委員その他の職員をいう。」

〔2〕刑事訴訟法三三五条一項「有罪の言渡をするには、罪となるべき事実、証拠の標目及び法令の適用を示さなければならない。」

〔3〕国籍法一一条二項「外国の国籍を有する日本国民は、その外国の法令によりその国の国籍を選択したときは、日本の国籍を失う。」

〔4〕地方自治法二四三条の二の二第一項後段「次に掲げる行為をする権限を有する職員又は

その権限に属する事務を直接補助する職員で普通地方公共団体の規則で指定したものが故意又は重大な過失により法令の規定に違反して当該行為をしたこと又は怠ったことにより普通地方公共団体に損害を与えたときも、同様とする。
一　支出負担行為
二　第二百三十二条の四第一項の命令又は同条第二項の確認
三　支出又は支払
四　第二百三十四条の二第一項の監督又は検査」

一　刑法七条一項の「法令により公務に従事する議員、委員その他の職員」という規定は、その職務の公共性から公務と同じ程度に公正かつ円滑な運用を図る必要があることから置かれているものであって、この「法令」を法律と命令に限定することは狭きにすぎ、したがって行政庁の訓令（国家行政組織法は、「各省大臣、各委員会及び各庁の長官は、その機関の所掌事務について、命令又は示達をするため、所管の諸機関及び職員に対し、訓令又は通達を発することができる。」（一四条二項）と定めている。訓令は、一般に下級の行政機関に対する職務命令の性質を有し、行政の取扱いの基準を示し、法令の解釈の統一を図る目的で発せられる。）などをも含むものと解されている。

二　刑事訴訟法三三五条一項の「法令」には国会が制定した形式的意味での「法律」や行政

機関が制定した「命令」のほかに、条例、規則その他の地方公共団体の自治法規も含まれるものと解されている。

三　国籍法一一条二項の「法令」は、「外国の法令」のことであるから、わが国の法令用語で意味する「法令」ではないことは明らかである。したがって、わが国の法形式にとらわれずに、その当該国の法形式に従って解すべきものとされている。

四　地方自治法二四三条の二の二第一項後段に定められている「法令」には、条例や規則も含まれると解されている（昭和三八年一二月自治庁行発第九三号参照）。

Let's try

六法を自由にめくり、「法令」という語句が登場する条文をたくさん見つけて、その具体的意味内容を考えてみよう。

3　命　令

すでに述べたように、国会が制定する法形式を「法律」と呼び、これに対して国の行政機関が制定する法形式を総称して「命令」という。
それでは、「命令」にはいかなるものがあるのであろうか。次の設問を考えながら、理解を深めていこう。

次の文章の中に誤りのあるものがあれば、それを正しなさい。
〔1〕国の行政機関が制定する法形式であっても、公正取引委員会規則、国家公安委員会規則又は中央労働委員会規則などのように、各委員会及び各庁の長官が発する「規則」は、その名称が示すようにあくまでも「規則」であって、「命令」ではない。
〔2〕国の行政機関でも、内閣から独立した行政機関、例えば人事院とか会計検査院が発する「人事院規則」とか「会計検査院規則」は、行政権行使の最高責任を負う内閣から独立した行政機関であるので、こうした機関の発する「規則」は「命令」ではない。

一　「命令」の種類は、憲法及び国家行政組織法の定めるところにより、内閣が制定する「政令」（憲法七三条六号）、内閣総理大臣の発する「内閣府令」（内閣府設置法七条三項）、各省大臣が発する省令（国家行政組織法一二条一項）、各委員会及び各庁の長官が発する規則（国家行政組織法一三条一項）がある。

したがって、その名称が「規則」であっても、国の行政機関が制定する法形式であれば、名称のいかんを問わず、また内閣からの独立性という当該機関の法的地位のいかんを問わず、こうした国の行政機関の発する法形式はすべて「命令」と呼ばれるのである。

二　もちろん、「命令」はこのような国の行政機関の発する法形式のみを意味するとは限らない。「命令」は、それ以外に、行政機関が特定の人又は団体に対して一定の作為又は不作為の義務を課する具体的処分を意味する「処分命令」の意で用いられることがある。例えば、建築基準法九条七項「特定行政庁は、緊急の必要がある場合においては、前五項の規定にかかわらず、これらに定める手続によらないで、仮に、使用禁止又は使用制限の命令をすることができる。」及び同条八項「前項の命令を受けた者は、その命令を受けた日から三日以内に、特定行政庁に対して公開による意見の聴取を行うことを請求することができる。この場合においては、第四項から第六項までの規定を準用する。ただし、意見の聴取は、その請求があつた日から五日以内に行わなければならない。」などはその好例の一つである。

また、「命令」は、公務員の職務に関して上司が下す「職務命令」の意味でも用いられる。例えば、国家公務員法九八条一項「職員は、その職務を遂行するについて、法令に従い、且つ、上司の職務上の命令に忠実に従わなければならない。」、地方公務員法三二条「職員は、その職務を遂行するに当つて、法令、条例、地方公共団体の規則及び地方公共団体の機関の定める規程に従い、且つ、上司の職務上の命令に忠実に従わなければならない。」に定められている「命令」は、まさしく職務命令の意味である。

さらにまた「命令」は、訴訟法上、裁判所がする判決や決定に対して、裁判長や受命裁判官などの裁判官がする裁判の意味で用いられる場合がある。例えば、民事訴訟法一三七条二項「前項の場合において、原告が不備を補正しないときは、裁判長は、命令で、訴状を却下しなければならない。」、同条三項「前項の命令に対しては、即時抗告をすることができる。」、あるいはまた刑事訴訟法四三条二項「決定又は命令は、口頭弁論に基いてこれをすることを要しない。」、同法四四条二項「上訴を許さない決定又は命令には、理由を附することを要しない。」などに定められている「命令」には、裁判長や受命裁判官などの裁判官がする裁判の意味を与えられている。

Let's try

六法を自由にめくり、「命令」という語句が登場する条文をたくさん見つけて、その具体的意味内容を考えてみよう。

4 法令と法例

「法令」という用語と読み方はまったく同じであるが、意義をまったく異にするものに「法例」がある。「法例」には、次のような二つの意味がある。

一つは、明治三一年法律第一〇号の「法例」という題名をもつ法律である。本法は、法律の適用に関する諸事項を定めた法律で、本則が三四ヶ条からなり、法律の施行期日に関する規定（一条）、慣習の効果に関する規定（二条）のほかは、国際私法の本体的規定となっていた。この法律は、「法例」の全部改正という形で、「法の適用に関する通則法」（平成一八年法律第七八号）に取って代わった。

いま一つは、法規の適用関係に関する諸原則を定める規定を意味し、平成一七年改正前の商法第一編第一章には「法例」という章名が付与され、商事に関して適用される法規を明確にした規定が定められていた。平成一七年の大改正で「第一章　通則」に改められている。

従前の例に従い、設問を考えながら「法例」の意義の理解を深めることにしよう。

次の文章の中に誤りのあるものがあれば、それを正しなさい。

〔1〕平成一七年改正前商法の第一編第一章「法例」という形式で「法例」という用語が用いられていたのは、わが国の国家法では極めて特異なもので、商法以外にその例を見ることはできない。

〔2〕「法例」という用語は、法律適用の通則を定めたものを意味する。

一　平成七年改正前の刑法は、第一編第一章の章名を商法と同じように「法例」としていたが、改正後は「通則」に改められた。なお、少年法四〇条は、「準拠法例」という条文見出しの下に、「少年の刑事事件については、この法律で定めるものの外、一般の例による。」と定めている。この「準拠法例」という用語は、少年法の一般法に当たる刑法が改正前において法律適用の通則を「法例」という章で規定していたことによる。したがって、この用語は、将来、少年法の全面的改正が行われるようなことがあれば、見出しの改正が行なわれ、何らかの修正変更がなされる可能性がある。

二　岩波書店の『国語辞典』には、「①おきて。法律上のしきたり。②ある法律に通じて適用される規則。」という説明があるだけである。しかし、これでは、明治三一年法律第一〇号の「法例」という法律の説明にはならない。同じく岩波書店の『広辞苑』には、先の『国語辞典』の①と②の説明のほかに、「③明治三十一年法律十号。法律並びに慣習の効力と適用関係の原則とを定めた法律。即ち法律の施行の時期と慣習の効力とにつき定めた外は国際私法的な規定である。」という説明が付加され、法律学的配慮がなされている。

穂積陳重《ほづみのぶしげ》博士の名著『法窓夜話』に、「法例の由来」という一文がある。「法例」という用語の発案者である博士はここで次のように述べている。

「法例とは、法律適用の通則を蒐集したものを稱するのである。我邦では、此の語は、明治十三年以來用ひられて居るが、明治三十年の頃、我輩は法典調査会に於て、法學博士山田三良君の補助を得て、現行の法例を起草した際、此の法例と云ふ題號の由來を調べて見た所、凡そ次のやうなものであつた」と述べ、「晉の賈充等が、漢、魏の律を增損して作つた晉律二十編には、魏の刑名律を分けて、刑名律・法例律の二編としたが、法例と云ふ題號の濫觴は、恐らくは是れであらう」とされている（河出書房、昭和二七年、五版、一一二頁）。

次いで、「明治十三年に刑法を改正した際、第一編第一章に刑法適用の通則を掲げて之を法例と題した。これは蓋し晉律の用例に倣うたものであつて、北齊以來久しく法典上に絶えて居た用例を、我國に於て復活させたものである。／明治二十三年、民法其他の法典が公布された際に、法律第九十七號を以て、一般法律に通ずる例則を發布して、之を法例と稱した。是に於て法例と云ふ語の用例が一變することとなつて、従來は刑法の通則に限つて用ひられて居つた語を、汎く法律適用に關する總則に用ひるやうになつた」と述べられている（同書一一三－一一四頁）。

このように、初めに刑法だけに使われた「法例」という用語が商法に使われるにいたった経緯について論じられ、「斯のやうに、法例と云ふ語は、法律の適用に關する通則の題號としては、頗る穩當であるから、我輩は命を蒙つて法例改正案を起草した時にも、之を襲用したのである。／其の後、商法改正案に於ても、總則なる語を改め、法例として之を題號に採用したのである。茲に於て、我邦の法典に於ては、法例と云ふ語に二樣の用例を生ずることとなつた。卽ち、一は一般に各種の法律に通ずる法例で、他は刑法及び商法の首章に掲げた法例の如く、其法典中の條規の適用に關する例則を稱するのである。此二種の法例は、普通法と特別法との關係を有するものであるから、前者は之を一般法例と稱し、後者は之を特別法例と稱することが出來よう」と結んでいる（同書一一四－一一五頁）。

法律適用の通則規定という意味での「法例」は、わが国最初の使用例である刑法から平成七年の法改正で今や姿を消し、商法も平成一七年の大改正で「通則」とされるに至った。しかし、法学を学習するに際しては、過去の文献や裁判例の学習に際して「法例」という語に出会うことがあろう。そのときのために、本講の内容を記憶に留めておいてほしい。「法例」という語は、「法令」の打ち間違えではないのである。

Let's try
穂積陳重博士の名著『法窓夜話』を読んでみよう。

5　法令の題名

法令は一般に、題名、本則、附則から構成される。

題名とは、法令の内容を簡潔に表現した標題名である。例えば、「民法」、「商法」、「刑法」といった極めて簡潔な題名を持つ法律から、「国際的な協力の下に規制薬物に係る不正行為を助長する行為等の防止を図るための麻薬及び向精神薬取締法等の特例等に関する法律」（平成三年法律第九四号）といった長い題名を持つ法律もある。

これとは逆に、先に「一般に」という条件付きの表現を用いたことからも窺われるように、題名を持たない法令もある。題名のない法令は、通常、「法令番号」で呼ばれる。例えば、平成一六年改正前の破産法（大正一一年法律七一号）附則中の三八四条は、「明治二十三年法律第三十二号商法第三編、同年法律第百一号及家資分散法ハ之ヲ廃止ス」と定めているが、ここでの「同年法律第百一号」がその典型的事例である。「同年」、すなわち「明治二十三年法律第百一号」という法令番号の法律である。これは、通称「商法ニ従ヒ破産ノ宣告ヲ受ケタル者ニ関スル件」という「件名」で呼ばれている。ちなみに、「明治二十三年年法律第百一号」というのは、明治二三年に制定された百一番目の法律ということを意味する。

「題名」を持たない法令は、概して戦前までに制定された法令に多く、戦後は例外なく「題名」が付されている。しかも、戦後直後の法律や条約に関連した法律の中には、その法律の内容を漏れなく、的確に表現しようという配慮が働いてか、やたらに「題名」の長いものが多いのも特徴的である。

戦後直後の法律については、憲法の制定自体が連合国軍最高司令部（GHQ）という占領権力の強い指示の下に進められていたこともあって、法律の制定についてもGHQからのさまざまな干渉を受けており、その意味ではアメリカ法の影響を強く受けていた。

ここでは、アメリカ法の中でも、特にカリフォルニア州法の場合を取り上げてみよう。カリフォルニア州憲法四条九節は、「制定法は、その題名に表現される一つの主題のみを包含するものとする。制定法がその題名に表現されていない主題を包含しているときは、表現されていないその部分のみが無効となる。」と定めている（同憲法は、一八七九年制定。制定当時、本条は四条二四節に置かれていた。その後の憲法改正により、一九六六年法では削除されて、現行憲法では同文の条文が四条九節に組み替えられている。）。

これは、カリフォルニア州憲法上、「単一主題の原則」（the single subject rule）と呼ばれているものである。ちなみに、この原則に関する最近の判例を一つ挙げておこう。「一つの一般的な目的を持つ数多くの条項は、その題名の中に適切な表示がなされ得るときは、一つの法律の中にこれらの規定を統合することができる。一つの単独の政策にあってその内容が相互に密接な関係と相依相関の関係にあるような計画を規制する条項は、一つの単独の法律の中にこれを適切に包含することができる。立法府は、単独の法律の中に、その題名及びそれと関連する法分野において表現されている一般的な主題と密接な関係にあるすべての法令を挿入することができる。法律の題名と密接な論理的関係があり、かつその範囲の中に含められる条項は、これを統合することができる。制定法が宣明している一般的目的、これを実現するために規定されている個々の細目は、これを必要な付随事項とする。当該法律を効果あらしめ、又はその主要な目的の助成と促進に役立ち、又はその目的と必要かつ自然の関係を持つ条項は、この原則においては密接な関係を持つ条項である。」（Harbor v. Deukmejian（1987）43 Cal 3d 1078, 240 Cal Rptr 569, 742P2d 1290.）。

このようなカリフォルニア州憲法に典型的に見られる「単一主題の原則」が採用されるとこ

ろでは、法律の題名が長くなるのは当然と言わねばならない。戦後のGHQ統治という政治的現実を考えるとき、こうした立法原則がGHQを通してわが国の法律の「題名」のあり方に大きく影響を与えたことは、当然に想定できるところであろう。ここでも、立法技術の面におけるアメリカ法継受の一つの様相を見ることができよう。

次の設問を考えながら、題名に関する若干の問題について理解を深めておこう。

> 次の文章の中で誤りのあるものがあれば、それを正しなさい。
>
> 〔1〕法令には、その公布に際して必ず法令番号が付され、法律、政令及び省令に天皇の公布文が付される。
>
> 〔2〕天皇の公布文は、当該法令の一部を構成するものである。
>
> 〔3〕法令の題名は、その法令の一部をなすものであるが、便宜的性格が強いため、国会での改正手続を必要としない。

一　設問〔1〕を考える前に、実際に官報（平成一二年三月三一日官報（号外特第七号））を通して、法律・政令・省令の公布形式を見ておくことにしよう（法律については一二頁以下、政令については二九頁以下、省令については三二頁）。

〈法律の場合〉

公布文

法令番号――

題　名――

港湾法の一部を改正する法律をここに公布する。

御名　御璽

平成十二年三月三十一日

内閣総理大臣　小渕　恵三

法律第三十三号

港湾法の一部を改正する法律

港湾法（昭和二十五年法律第二百十八号）の一部を次のように改正する。

第一条中「資するため」の下に「、環境の保全に配慮しつつ」を加える。

第二条第二項中「「重要港湾」とは」の下に「、国際海上輸送網又は国内海上輸送網の拠点となる港湾その他の」を、「いい」の下に「、「特定重要港湾」とは、重要港湾のうち国際海上輸送網の拠点として特に重要な港湾で政令を定めるものをいい」を加え、同条第五項第二号中「外かく施設」を「外郭施設」に改め、同項第三号中「けい留施設」を「係留施設」に、「けい船浮標、けい船くい」を「係船浮標、係船くい」に改める。

（以下、略）

〈政令の場合〉

公布文

港湾法施行令の一部を改正する政令をここに公布する。

御名　御璽

平成十二年三月三十一日

内閣総理大臣　小渕　恵三

法令番号―

政令第百九十三号

題　名―

港湾法施行令の一部を改正する政令

内閣は、港湾法（昭和二十五年法律第二百十八号）第二条第二項及び第八項の

制定文

規定に基づき、この政令を制定する。

港湾法施行令（昭和二十六年政令第四号）の一部を次のように改正する。

「第一章　重要港湾及び避難港等」を「第一章　重要港湾等」に改める。

第一条の見出しを「（重要港湾、特定重要港湾及び避難港）」に改め、同条中「及び」の下に「特定重要港湾並びに」を加え、「通り」を「とおり」に改める。

第一条の六を削る。

第一条の七中「別表第五」を「別表第四」に改め、同条を第一条の六とする。

（以下、略）


〈省令の場合〉

法令番号──

○運輸省令第十九号

制定文

港湾法（昭和二十五年法律第二百十八号）第四十二条第一項、第五十二条第二項第一号の規定に基づき、港湾法施行規則の一部を改正する省令を次のように定める。

平成十二年三月三十一日

運輸大臣　二階　俊博

題　名――

港湾法施行規則の一部を改正する省令

港湾法施行規則（昭和二十六年運輸省令第九十八号）の一部を次のように改正する。

第一条の二第二号㈠中「未満の水域施設又は係留施設」を「未満の水域施設又は係留施設のみ」に改める。

第十条及び第十一条を次のように改める。

（法第四十二条第一項の運輸省令で定める小規模な施設）

第十条　法第四十二条第一項の運輸省令で定める小規模なものは、次に掲げる施設とする。

一　水深五・五メートル以下の水域施設又は係留施設

二　前号の施設を専ら防護するための外郭施設

第十一条　削除

（以下、略）

右の官報で公布された法律・政令・省令の法形式からも明らかなように、天皇の公布文は法律と政令には付されるが、省令には付されない。政令も省令も、いずれも命令の法形式であるが、内閣の命令である政令は命令の中でも最高の法形式であるので、他種の命令とは区別され、天皇の公布文が付される。

省令には、天皇の公布文は付されず、その省令の制定の根拠又は形式を示す制定文が付されるにとどまる。制定文は、一般に法律には付されることはないが（ただし、ある法律の全部を改正する法律にのみ、題名の次に、その法律が全部改正の法律であることを示す趣旨の制定文が付せられる。）、政令、したがって政令と同じ法形式である命令に属する省令には付されることになっている。

二　公布文は、法令を公布する旨の公布権者である天皇の意思を表わす文書であって、法令そのものの一部を構成するものではない。したがって、法令が六法全書その他の法令集に掲載されるときは、省略されることになる。

三　法律の題名は、言うまでもなく、その法令の一部をなすものであって、決して便宜的なものではない。したがって、その法令の本則や附則の場合と同じように、既存の法令の題名を変更するには、国会における審議の対象となり、改正手続に従い修正されることになる。例えば、平成一二年法律第一二〇号により、「訪問販売等に関する法律」が「特定商取引に関する法律」と名称の改称が行なわれたが、これなどはその一例と言うことができよう。

なお、平成一六年法律第一四七号による改正前の民法は、「民法第一編第二編第三編」（明治二九年四月二七日法律第八九号）と「民法第四編第五編」（明治三一年六月二一日法律第九号）

という二つの法律からなっていた。平成一六年の改正時には、前者の法律の改正という形で、民法全体の改正が行なわれている。形式的には、改正手続に問題がないとは言いきれないであろう。

Let's try

① 実際の『官報』を見て、改正法律がどのように掲載されるか確認しよう。
② 制定された後に、題名変更がなされた法律をできるだけ多く見つけよう。

6 法令の本則と附則

法令は、すでに述べたように、題名、本則、附則から構成されているが、法令の中には題名の次に「前文」を置いているものもある。法律と言いきることはできないが、その代表的事例が日本国憲法であって、ここには憲法制定の由来とその基本理念が宣明されている。その他、教育基本法、観光立国推進基本法、男女共同参画社会基本法といった、いわゆる基本法と呼ばれる法律、あるいは基本法的性格を持つ法律に「前文」が置かれることが多い。

「本則」は、「附則」とは異なり、特に「本則」という文言によって表示されていないが、題名の次から「附則」の前までの部分（「制定文」や「目次」が置かれているときは、その次から「附則」の前までの部分がこれに相当する。）をいい、その法令の主体を構成するものである。

「附則」は、本則に付随して、その本則の各規定が円滑に働くために必要な事項を定めたものである。附則に定められる事項は、本則に定められている事項の内容に応じてさまざまに異なるが、原則として「施行期日」に関する規定は必ず置かれ、その他「経過措置」に関する規定や「関係法令の廃止」に関する規定なども置かれる。例えば、請願法の場合のように、「この法律は、日本国憲法施行の日から、これを施行する。」（同法附則）、また「人身保護法」のように、「この法律は、公布の後六十日を経過した日から、これを施行する。」というように、単に施行期日に関する規定しか定めていない附則もある。軽犯罪法（制定時の附則）のように、経過措置に関する規定は定めずに、施行日について（附則一項）と、「警察犯処罰令（明治四十一年内務省令第十六号）は、これを廃止する。」とし（附則二項）、関係法令の廃止に関する規定を定めているものもある。

以下、具体的な問題に即しながら、本則と附則についての理解を深めることにしよう。

次の文章の中で誤りのあるものがあれば、それを正しなさい。

〔1〕前文は、具体的な法規を定めたものではなく、したがって直接に法的効果を生じさせるものではないので、必ずしも本則の各規定の改正と同様の手続をとる必要はない。

〔2〕法令によっては、例えば民法、商法、刑法、労働基準法、行政不服審査法等のように目次が置かれているものも少なくないが、その場合その法令の本則は題名及び目次の次から「附則」の表示のある部分の前までをいう。

〔3〕「附則」には、施行期日とか経過措置、あるいは関係法令の改廃に関する規定などが必要に応じて置かれるにすぎず、あくまでも「本則」の従たる性格を有するにとどまる。

一　法令の前文は、確かに具体的な法規を定めたものではないが、その法令の規定についての解釈基準となるものであり、当然にその法令の一部を構成する。したがって、前文について改正の必要があれば、各規定の改正と同じように手続に従って改正されることになる。

二　「目次」は、本則には含まれない。したがって、法令に目次が置かれているときは、その法令の本則はその目次の次から「附則」の前までの部分ということになる。

三　附則は、本則に付随した必要な事項について定め、本則の後に置かれる。附則に規定される事項は、もちろん、それぞれの法令の内容に応じて異なり、一概には言えないけれども、施行期日とか経過措置、あるいは関係法令の改廃に関する事項などであって、時には、例えば請願法や人身保護法（令和四年改正前の制定時の附則）等のように施行期日に関する事項を定めた一文のみの附則もある。

しかし、このような法令の事例を見て、附則が本則の単なる従的存在と決めつけることはできない。そもそも附則は、本則の各規定が円滑に、かつその法令目的に即して働くために必要な事項を定めるものである。したがって、附則に定められている規定の中には、その法令の運命を決定するという点では本則の規定以上に重要なものもある。そのことは、例えば地方税法とか国民年金法等の、質量の両面にわたって膨大な事項に関する規定を置いている附則を一瞥すれば明らかであろう。

附則は、決して本則の従的部分ではない。附則まで目を通さなくては、本則の条文を理解したとは言えないのである。

Let's try

六法を自由にめくり、前文の置かれている法律、目次の置かれている法律を探してみよう。また、さまざまな法律について、附則に何が書かれているかを確認してみよう。

7 恒久法と限時法

法令は、廃止の措置がとられるまでは有効に存続する。法令を廃止するには、その法令の廃止を目的とする法令が制定されねばならない。これを廃止法という。廃止法の題名は、「○○法を廃止する法律」とするのが通例である。この場合の本則は、単に「○○法（平成○年法律第○号）は、廃止する。」とのみ規定される。

法令は、このような廃止法によって廃止されるにしても、その法令自体に効力を失わせる旨の規定が置かれていない限り、いつまでも有効に存続する。このような法令は、通常、恒久法と呼ばれる。

これに対して、その法令自体の附則の中に有効期限の定めを置き、その期限の到来とともに、当然に消滅、すなわちなんらの廃止の措置をとることなく自動的に自己の効力を失わせることがある。このような法令は、限時法と呼ばれ、その法令の附則に（失効）という条文見出しの下に「この法律は、令和○年○月○日にその効力を失う。」という失効の規定が置かれる。

限時法の概念は確固不動のものではなく、その意義に広狭の差はある。しかし、いずれにしても確定期限の到来又は特定事実の発生があるまでは法令としての効力を有するものとして制定されているところに限時法の特色がある。次の設問を通して、限時法についての理解を深めてみることにしよう。

次の条文で限時法に属さないものがあれば、それはどれか。限時法でないとする理由は何か。
〔1〕この法律は、公布の日から起算して十日を経過した日から施行し、当分の間、その効力を有する。
〔2〕この法律は、施行の日から起算して五年をこえない範囲内において別に法律で定める日にその効力を失う。
〔3〕この法律は、その施行の日から五年以内に廃止するものとする。

一　設問〔1〕は、「義務教育諸学校における教育の政治的中立の確保に関する臨時措置法」の附則に定められている条文である。この条文中に「当分の間」という言句があるが、この言句をもって限時法とすることはできない。

「当分の間」という用語は、後に28で詳しく述べるが、立法の際にこれが臨時的かつ暫定的な措置にとどまるものであることを意味するものにすぎず、したがってこの法律は別に改廃を目的とする新しい抜本的な立法措置が講じられない限り、有効に存続することになる。最高裁判所も、「当分ノ内」を定めた刑法施行法二五条一項につき、「刑法施行法に『当分ノ内』の字句があるとしても、他の法律によつて廃止されないかぎり法規としての効力を失つたものと言うことはできない。」と判示している（最大判昭和二四年四月六日刑集三巻四号四五六頁）。

二　設問〔2〕は、「漁船積荷保険臨時措置法」の附則に定められている条文である（附則二項）。すでに本法は、本法に定める「別に法律で定める」という規定の趣旨に従って制定された「漁船損害等補償法の一部を改正する法律」（昭和五八年四月二六日法律第二四号）附則二条により、十年を経過した同年九月三〇日で効力を失っている。

本法の失効の日は、「別に法律で定める日」であって、その法律の定めがない限り、五年を経過しても自動的に効力を失うということはない。この規定は、立法府たる国会に対して新たな立法措置を促す政治的宣言を意味するものと解することができよう。その意味で、本条は〔1〕の場合と同様であって、限時法の規定ではない。

三　設問〔3〕は、「大学の運営に関する臨時措置法」の附則に定められている条文である（附則五項）。本法は、昭和四四年（一九六九年）、全国の大学に燎原の火のように拡大していった大学紛争の自主的収拾のための大学の努力を助けることを目的とし、その運営に関して緊急に講ずべき措置を定めたものである。この法律は、附則に「五年以内に廃止するものとする」と定められているにもかかわらず、五年を経過しても廃止されず、平成一一年（一九九九年）七月には一度、改正まで行われ、同年一二月二二日の法律第一六〇号（中央省庁等改革関係法施行法）によってようやく廃止されるに至った（同法七七条二四号）。したがって、四半世紀もの長きにわたって、存続していたわけである。

かつて本法制定後五年を経過した昭和四九年九月一一日の参議院文教委員会において本法の効力について問題となったことがあった。当時の奥野誠亮文部大臣は、矢原秀男議員の質問に答えて次のように述べている。

「御指摘の法律は昭和四十四年に制定されまして、その法文の中で、この法律は「五年以内に廃止するものとする。」と、こう書かれているわけでございますが、「廃止するものとする。」という訓示的な規定でございますので、廃止の立法が成立して初めてこの法律が廃止になる。廃止の法律が成立しない限りにおいては、この法律は残っていくということであろうと思います。」（「参議院文教委員会（第七十三回国会閉会後）会議録第一号　昭和四十九年九月十一日」一二頁）

この法解釈は、奥野文部大臣の独創になる単なる行政解釈ではない。これは、「廃止するものとする」という法令用語の意味についての従来からの解釈を確認したものでしかない。「廃止するものとする」という用語は、単に廃止宣言の規定にすぎず、この規定だけでは期限が到来しても直ちに失効することはない。したがって、この法律は（五年経過しても）形式的にも実質的にも依然として有効に存続していた。もしこの法律の効力を失わせるためには、すでに述べたように、この法律を廃止するための廃止法を別に制定しなければならなかったのである。その意味で、本法も限時法ではないということになる。

Let's try

大学の運営に関する臨時措置法のように、附則において「この法律は、その施行の日から○年以内に廃止するものとする。」と定められている法律を探してみよう。

8 法律の公布と施行

法律案は、憲法に特別の定めのある場合を除いて、衆議院と参議院の両議院で可決されたとき、法律となる（憲法五九条一項）。ここでいう「憲法に特別の定のある場合を除いて」というのは、①参議院で可決しなくても、衆議院の可決のみで足りる場合（憲法五九条二項）、②参議院の緊急集会のみの可決で足りる場合（憲法五四条三項）、③憲法施行の際、いまだ参議院が成立していない場合に衆議院の可決のみで足りる場合（憲法一〇一条）、④「一の地方公共団体のみに適用される特別法」は、両議院の可決があっても、その地方公共団体の住民の投票による過半数の同意を得なければ、なお法律が成立しない特別の場合（憲法九五条）などをいう。

このようにして法律が成立すると、最後の議決があった議院の議長から、内閣を経由して天皇に奏上し（国会法六五条）、天皇は内閣の助言と承認によりこれを公布する（憲法七条一号）。法律の公布は、国会法の規定によって奏上の日から三〇日以内になされなければならない（六六条）。

国会で国民の衆目の中で可決され、制定された法律に、何故にさらに重ねて公布という手続を必要とするのか。国民は一般に、国会の議決によって法律が成立しても、制定された法律の内容を知らないのが普通である。したがって、制定された法律の内容を知らしめなければ、国民による法律の遵守が期待できないだけでなく、国民の中からも不測の不利益を受ける者も出てくるかもしれない。これでは、国民主権を国是とする民主国家（憲法前文及び一条）の法治主義の原則が踏みにじられてしまう。

この点について、最高裁判所はその判決の中で次のように述べている。すなわち、「思うに、成文の法令が一般的に国民に対し現実にその拘束力を発動する（施行せられる）ためには、その法令の内容が一般国民の知りうべき状態に置かれることが前提要件とせられるのであつて、このことは、近代民主国家における法治主義の要請からいつて、まさにかくあるべきといわなければならない」と（最大判昭三二年一二月二八日刑集一一巻一四号三四六一頁）。

次の設問を考えながら、法律の公布についての理解を深めることにしよう。

次の文章の中で誤りがあるものがあれば、それを正しなさい。

〔1〕憲法によれば、法律案は、原則として両議院で可決されたときに「法律となる」（五九条一項）。それゆえ、法律が両議院で成立すれば、法律としての効力を有することになる。

〔2〕法律は、その内容を国民に知らしめた公布の日から法律としての効力を有することになる。

〔3〕国民の権利義務を定めた法律とは異なり、単に国家機関の内部的な事項を定めた法形式、例えば議院規則や議院規程とか、最高裁判所規則は国民一般に知らしめる必要がないので、公布の手続を必要としない。

一　憲法五九条一項に定める「法律となる」というのは、法律案が確定した内容をもった法律として成立するということを意味しているにすぎず、これをもって直ちに法律としての効力を発揮し得ることになるわけではない。

二　法律が法律としての効力を発揮するためには、法律の内容を広く一般に国民に知らしめる「公布」という手続が必要である。しかし、公布をもって直ちに法律としての効力が発生するわけではない。法律が現実に効力を発生するのは、その法律の「施行の時」からである。したがって、公布は施行の前提条件でしかなく、法律が現実に法律としての効力を発揮する、すなわち施行される時としては、公布と同時か、あるいは公布の後でなければならない。

法律の施行時期に関して、法の適用に関する通則法二条は、「法律は、公布の日から起算して二十日を経過した日から施行する。ただし、法律でこれと異なる施行期日を定めたときは、その定めによる。」と定めている。これが法律の施行時期の原則である。平成一八年の同法制定前は、法例一条がこれを定めていた。平成七年改正後の現行刑法は、法例に定める施行時期の原則に依拠して、改正の都度、附則において「この法律は、公布の日から起算して二十日を経過した日から施行する。」と定められることが多い。

しかし、実際は、右の法の適用に関する通則法二条ただし書に基づいて、制定された法律自体のうちに、法の適用に関する通則法二条本文による施行時期の原則とは異なるその法律固有の施行期日を定めるのが一般である。例えば、法律の中の最高法規である憲法（九八条一項）は、「この憲法は、公布の日から起算して六箇月を経過した日から、これを施行する。」と定めている（一〇〇条一項）。また、平成八年制定の民事訴訟法も、制定時の附則の中で「この法律（略）は、公布の日から起算して二年を超えない範囲内において政令で定める日から施行する。」と定めている（附則一条本文）。報酬等の給与について定める法律の場合、月ごとに報酬が支給されることが通常であるため、それを改正する法律の施行日については「公布の日の属する月の翌月の初日（公布の日が月の初日であるときは、その日）から施行する。」という形で定められることもある（裁判官の報酬等に関する法律の平成二一年、平成二二年、平成二四年改正法）。さらに、国民の祝日に関する法律の場合のように、「この法律は、公布の日からこれを施行する。」（制定時の附則一項）として、公布即日施行の施行時期を採用している法律も決して少なくない（その後の改正時における附則参照）。

公布即日施行の施行時期を採用している場合とは異なり、法律の施行時期の原則を定めた法の適用に関する通則法の場合を含めて、憲法や民事訴訟法の場合のように、公布した後に、施行に向けて国民に周知させるための猶予期間を定めている場合、これらの法律が現実に法律としての効力を発揮するのは、その施行日以後のことである。したがって、それ以前は、すなわち公布されても施行されるまでは、その法律は、いわば冬眠状態にあるということになる。

三　憲法は、立法機関たる国会による立法原則の重要な例外の一つとして「両議院は、各〻その会議その他の手続及び内部の規律に関する規則を定め」ることができると定めている（五八条二項）。すなわち、衆議院規則や参議院規則と呼ばれているものがこれである。

議院規則は、議院の運営に関する規則を定めるものであるから、議院内部にのみ効力を有し、一般国民に対し直接、拘束力を及ぼすものではない。しかし、議院の内部においては、議院の直接関係者ばかりでなく、外部の者、すなわち国務大臣・傍聴人・公述人なども拘束を受けることになるので、法律のように公布の手続はとられないにしても、国会関係の各種の規程と同様に、必要に応じて官報の「国会事項」欄に掲載され、公示される。

同様に、最高裁判所規則に関し、憲法は「最高裁判所は、訴訟に関する手続、弁護士、裁判所の内部規律及び司法事務処理に関する事項について、規則を定める権限を有する。」（七七条一項）と定めている。

裁判所規則は、単に裁判所の内部事項に限らず、訴訟に関する手続や弁護士に関する事項についても定め、検察官はもとより、裁判所職員などのように裁判所の運営に直接関係する者だけでなく、一般訴訟関係人や傍聴人をも拘束する。この点で、裁判所規則は議院の運営に関する内部事項を定めた議院規則とは著しく異なる特色を有し、国民に対し一般的拘束力をもつ訴訟に関する法律に近い性格を持っている。

それゆえ、裁判所規則は、内容によっては法律と同じように国民を一般的に拘束するものであるので、法律に明文の規定はないが、裁判所公文方式規則（昭和二二年九月一九日最高裁判所規則第一号）二条に基づき、官報をもって公布されることになっている。

以上述べてきたように、公布とは成立した法律を公表して、一般国民が知り得る状態に置くことであって、その方法は官報に法律の全文を掲載して行なう。次の設問を考えながら、公布について理解を深めよう。

次の文章の中で誤りのあるものがあれば、それを正しなさい。
〔1〕官報に掲載して法律を公布するという方法は、現在なお明治四〇年勅令第六号によって判定された「公式令」の規定に従っている。
〔2〕旧憲法時代の「公式令」は、日本国憲法の施行と同時に廃止されたので、今日では法律の公布は必ずしも官報によらなくてもよく、官報以外の公報をもって公布することもできる。
〔3〕地方公共団体の制定する条例は、原則として官報によって公布されるが、その条例の内容によって各地方公共団体が発行する公報に掲載して行なうことができる。

法律の公布の方法については、国の法律の場合と地方公共団体の場合との二つに分けておかねばならない。
一　国の法律の公布に関し、官報による掲載という方法が公式に確立したのは、明治一八年一二月二八日の内閣布達第二三号によってであった。ここで、「布告布達ノ儀自今官報ニ登載スルヲ以テ公式トシ別ニ配布セス」とされたのである。翌一九年二月に制定された「公文式」（明治一九年勅令第一号）は、法律の公布の方法の準則として「凡ソ法律命令ハ官報ヲ以テ布告」する旨を明定した（同勅令一〇条本文）。その後、明治四〇年に至り、勅令第六号によって「公式令」が制定され、その附則二項により「公文式」は廃止された。この「公式令」もまた、法律・勅令・国際条約などの公布は「官報ヲ以テス」るとの明文の規定を有していた（同勅令一二条）。

しかし、この「公式令」は日本国憲法の施行と同時に、すなわち昭和二二年五月三日、内閣官制の廃止等に関する政令（政令第四号）によって廃止されてしまった（同政令一条）。爾来、「公式令」に代わる法令公布の準拠法は制定されていない。したがって、日本国憲法の施行後は、官報掲載による法律の公布は、成文法上の根拠がないままに、いわば従来の慣例に従って行なわれているのである。「官報及び法令全書に関する内閣府令」（昭和二四年総理府・大蔵省令第一号）というものは存在するが、官報に何を掲載するかが定められているにすぎない（同内閣府令一条）。

これについて、かつて最高裁判所で争われたことがあったが、最高裁はその判決の中で次のように判示している。「実際の取扱としては、公式令廃止後も、法令の公布を官報をもつてする従前の方法が行われて来たことは顕著な事実ではあるが、これをもつて直ちに、公式令廃止後も法令の公布は官報によるとの不文律が存在しているとまでは云いえないことは所論のとおりであり、今日においては法令の公布が、官報による以外の方法でなされることを絶対に認め得ないとまで云うことはできないであろう。しかしながら、公式令廃止後の実際の取扱としては、法令の公布は従前通り官報によつてなされて来ていることは上述したとおりであり、特に国家がこれに代わる他の適当な方法をもつて法令の公布を行うものであることが明らかな場合でない限りは、法令の公布は従前通り、官報をもつてせられるものと解するのが相当であつて、たとえ事実上法令の内容が一般国民の知りうる状態に置かれえたとしても、いまだ法令の公布があつたとすることはできない。」（最大判昭和三二年一二月二八日刑集一一巻一四号三四六一頁）

　官報は明治期より紙によるものであり、それが正本であるわけであるが、今日、デジタル化という時代の流れにより、ウェブサイトに掲載される電子官報も正本とすることが検討されている。官報という存在それ自体はなくなることはないであろうが、紙による官報は、将来、消滅する日が来るのかもしれない。ただ、紙媒体の官報の存在によって、何十年後、何百年後であっても史料として法令等を見ることができるのであるから、仮にウェブサイト上に公表される電子官報のみにするとしても、技術的に何十年後、何百年後であっても閲覧可能であることが保証される制度にする必要があることを忘れてはなるまい。官報は、「今、見ることができればそれでよい」という代物ではないのであって、一つの国というものの歴史なのである。自らの歴史を後世に確実に伝えることができないようでは、国として体をなしていないと言わざるを得ない。

二　地方公共団体の制定する条例等の公布については、地方自治法一六条四項で「当該普通地方公共団体の長の署名、施行期日の特例その他条例の公布に関し必要な事項は、条例でこれを定めなければならない。」と定めている。次いで、同条五項で、前二項の規定（直前の二つの項のこと、すなわち同条三項と四項の意味）は、「普通地方公共団体の規則並びにその機関の定める規則及びその他の規程で公表を要するものにこれを準用する。但し、法令又は条例に特別の定があるときは、この限りでない。」と定めている。

各地方公共団体では、これらの規定に基づいてそれぞれ公告式条例を制定し、その定めるところに従って条例等を公布している。実際の取扱いとしては、都道府県や大きな市の場合、それぞれが発行する公報に掲載して公布するという方法がとられ、小さな市や町村の場合は、役場の前の掲示板に掲示するなどの方法がとられているようである。

Let's try

地方議会が制定する条例について、どのようにして住民に知らせているか、自治体ごとに調べてみよう。

9 公布即日施行

すでに述べたように、法律の施行時期については、公布された法律の周知を図るために公布日と施行日との間に一定の周知期間が置かれている。しかし、法令の中にはその附則において「この法律は、公布の日から施行する。」と定めているものも少なくない。

このように公布即日施行の方法が採用されている場合、その法律は公布の日のどの時点で実際に効力が発生するのかという施行の時点の問題が発生する。

公布は、成立した法律を一般国民に周知させることを目的とするものであるから、当該法律を掲載した官報は国民の目にふれる場所に公示されねばならない。官報が一般に国民の目にふれるためには、まず官報は、編集・印刷を行なっている国立印刷局より各地方の官報販売所等の外部に向けて発送される。到着した官報は、それぞれの官報販売所で陳列され、発売頒布されることになる。ここにおいてはじめて、国民は官報を手に取り、ここに掲載された法律を知り得るということになる。

次の設問を考えながら、公布即日施行の問題点を理解することにしよう。

> 次の事例について設問に答えなさい。
>
> 昭和二六年法律第二五二号「覚せい剤取締法」の一部を改正した昭和二九年法律第一七七号「覚せい剤取締法の一部を改正する法律」によって覚せい剤不法所持罪の罰則を引き上げる改正が行なわれた。そして、その改正法の附則には、「この法律は、公布の日から施行する。」と施行期日が定められていた。この改正法は、昭和二九年六月一二日付の官報に掲載された。
>
> 当該官報が広島市の官報販売所にまだ到着していなかった六月一二日の午前九時頃、広島市在住のAは、覚せい剤を不法に所持していたのを発見され、起訴された。Aの犯罪行為は、改正法の施行前の行為か、それとも施行後の行為か。換言すれば、Aに適用すべき罰則は、改正前の軽いものか、それとも改正後の重いものか。

一　この事案は、実際に発生した事件で、最高裁判所まで争われ、最高裁大法廷の判決も多数意見と少数意見とに分かれたのであった。公布の時点については、明文の法規定がないことから、従来から諸説が対立していた。

① 官報日付説　国会関係の期間の計算は、旧憲法の帝国議会時代から初日算入の原則が確立しているので、法令の公布は公布の日の午前零時とする。この説は、一般に行政部内の取扱いとして有力に支持されていた。

② 発送手続完了時説　当該法令を掲載した官報が一般に発売頒布のために大蔵省印刷局（現在は国立印刷局）より官報販売所等外部に向けて発送された最初の時点とする。本件控訴審の広島高等裁判所の判決は、この説を採用し、改正法の公布施行は一二日の午前七時五〇分と判断した（広島高判昭和三〇年二月一八日高刑集八巻二号一二二頁）。

③ 最初の閲読（購売）可能時説　当該法令を掲載した官報が印刷局より全国の各官報販売所に発送され、これを一般希望者がいずれかの官報販売所又は大蔵省印刷局官報課において、閲覧し、または購売しようとすれば、それをなし得た最初の時点とする。本件上告審である最高裁の多数意見は、後に再論するように、この説を採用し、改正法の公布施行は一二日午前八時三〇分と判断した。

④ 各地方閲覧（購売）可能時説　遠隔の居住者は、当該法令を掲載した官報が居住者の居住所や所在地の官報販売所に到達し、官報の配付が開始されなければ、その法令の内容を知り得る状態にはないのであるから、一般希望者がそれぞれの官報販売所において閲覧し、又は購売

しようとすれば、それをなし得た時点とする。本件最高裁判決の少数意見は、この説を採用し、本件については六月一三日又は一四日にならなければ、改正法は広島市在住者に対しては公布があったとは言えないと判示した。

⑤　最終到達時説　公布即日施行の同時施行主義をとる法令の場合、各地方によって施行の時期が異なるということは近代法治主義を阻害することになるから、当該法令を掲載した官報が全国の官報販売所の中で最終に到達した官報販売所において閲覧し、又は購売しようとすれば、それをなし得た時点とする。

本件の最高裁大法廷の多数意見は③の最初の閲覧（購売）可能時説を採用した。すなわち、「当時一般の希望者が右官報を閲覧し又は購入しようとすればそれをなし得た最初の場所は、印刷局官報課又は東京都官報販売所であり、その最初の時点は、右二ヵ所とも同日午前八時三〇分であつたことが明らかである」から、改正法は、おそくとも一二日の午前八時三〇分までには、いわゆる「一般国民の知り得べき状態に置かれ」たもの、「すなわち公布されたものと解すべきであ」り、「本件犯行は……改正法律が公布せられ、施行せられるに至つた後の犯行であることは明瞭であつて、これに本件改正法律が適用せられることは当然のことといわねばならない」と判示した（最大判昭和三三年一〇月一五日刑集一二巻一四号三三一三頁、判時一六四号三頁）。

二　一般に刑罰法規は、国民の基本的人権に深い関係があるため、新たに処罰規定を持つ法律を制定したり、あるいは従来からある罰則を重くするような法律の改正を行なうときは、公布の日から一定の周知期間が経過した後に施行すると定めるのが通例である。ここに取り上げた「覚せい剤取締法の一部を改正する法律」にかかわる事件は、公布即日施行主義が時として「法の支配」という近代法の根本原則を害する危険性を包含していることを示している。しかし、諸般の社会事情により特に迅速な施行が要請されている場合には、刑罰法規であっても公布即日施行主義が採用される例がないわけではない。例えば、「破壊活動防止法」（昭和二七年法律第二四〇号）、「サリン等による人身被害の防止に関する法律」（平成七年法律第七八号）等は、公布の日から施行されている。近時の例としては、人を死亡させる罪に関する公訴時効期間を延長する刑事訴訟法改正（平成二二年法律第二六号）が、公布の日、すなわち平成二二年四月二七日から施行された（附則一条）。なお、親権者による懲戒権を定めていた（旧）民法八二二条を削る民法改正法（令和四年一二月一六日法律第一〇二号）も、公布の日、すなわち令和四年一二月一六日から施行されているが（附則一条ただし書）、これは、懲戒権規定が児童虐待の口実に使われることがあるがゆえに、早急に削る必要があったためと考えられる。

Let's try

前記の最大判昭和三三年一〇月一五日刑集一二巻一四号三三一三頁を読み、多数意見、補足意見及び少数意見の三者について論旨を理解した上で、設問のような事例をどのように解決すべきかを考えよう。

II

条文をめぐるア・ラ・カルト

10

条文の構造

各種の法学上の文書においては、根拠条文を示すことは極めて重要である。そのためには、条文を引用するときの記載方法について、正しく理解しておく必要がある。従前の例にならい、設問を考えながら理解を深めることにしよう。

以下の条文の傍線を引いた部分を引用したい場合、どのように表記するか。

〔1〕民法

第百十一条　代理権は、次に掲げる事由によって消滅する。

一　本人の死亡

二　代理人の死亡又は代理人が破産手続開始の決定若しくは後見開始の審判を受けたこと。

2　委任による代理権は、前項各号に掲げる事由のほか、委任の終了によって消滅する。

〔2〕民法

第二百六十九条の二　地下又は空間は、工作物を所有するため、上下の範囲を定めて地上権の目的とすることができる。この場合においては、設定行為で、地上権の行使のためにその土地の使用に制限を加えることができる。

2　前項の地上権は、第三者がその土地の使用又は収益をする権利を有する場合においても、その権利又はこれを目的とする権利を有するすべての者の承諾があるときは、設定することができる。この場合において、土地の使用又は収益をする権利を有する者は、その地上権の行使を妨げることができない。

〔3〕地方自治法

第二百三十一条の二の七　普通地方公共団体の長は、指定納付受託者が次の各号のいずれかに該当するときは、総務省令で定めるところにより、第二百三十一条の二の三第一項の規定による指定を取り消すことができる。

一　第二百三十一条の二の三第一項に規定する政令で定める者に該当しなくなつたとき。

二　第二百三十一条の二の五第二項又は前条第二項の規定による報告をせず、又は虚偽の報告をしたとき。

三　前条第一項の規定に違反して、帳簿を備え付けず、帳簿に記載せず、若しくは帳簿に虚偽の記載をし、又は帳簿を保存しなかつたとき。

四　前条第三項の規定による立入り若しくは検査を拒み、妨げ、若しくは忌避し、又は同項の規定による質問に対して陳述をせず、若しくは虚偽の陳述をしたとき。

2　普通地方公共団体の長は、前項の規定により指定を取り消したときは、その旨を告示しなければならない。

一　条文を引用するときのルールについて知るためには、条文の構造について把握しておかなければならない。

法律等の成文法は、原則として多くの「条」から構成されている。ここに「原則として」とあえて述べているのは、元号法のように「項」のみで、しかもわずか二つの項のみで構成された法律もあるからであり、「明治三十二年法律第四十号（失火ノ責任ニ関スル法律）」のように「条」等の記載が一切なく、一段落のみで構成されているものも存在する。

法令の条は、第一条から順次、第二条、第三条へと規定されているのが通例である。

一つの条は、さらに規定の内容に従って規定すべき事項を区分する必要があるときは、内容ごとに行を変えて別行にして規定することがある。言い換えれば、新規の段落にしているということになる。このように別行にして区分された段落を「項」という。

「項」は、あくまでも条の中の文章の段落にすぎず、独立した文章ではない。一つの条の中に複数の項があるときは、最初の項を第一項といい、以下順に従い、第二項、第三項……と呼ぶ。この「項」に関して注意を要する点があり、「第一項」についての項番号は記載されない。

有斐閣社等の学習用六法で第一項の項番号が記載されているのは、あくまでも学習のしやすさ・使いやすさのために編集者が付したものであり、正規の条文には付されていないことを知っておく必要がある。また、戦前の法令には第二項以下の項番号も付されていなかったので、さらに注意が必要である。改行されたら、第二項、第三項……となると考えておかなければならない。引用時に「第一項」の記載を忘れがちであるので、第一項がどんなに長い場合でも第二項が存在するか否かを常にチェックする必要がある。条の中を読んでいくとき、第二項が存在しないことを確認して初めて、最初の段落は「第一項」ではないことがわかるわけである。

前記の設問はいずれも第二項が存在していることを見落としてはならない。

それに対し、複数の事項を列挙していく場合に使用されるのが「号」である。言い換えれば、複数の事項が「号」として列記される。法律では、漢数字を用いて列記される。

民法七七〇条を見てみよう。この条文は裁判上の離婚についての条文である。

（裁判上の離婚）
第七百七十条　夫婦の一方は、次に掲げる場合に限り、離婚の訴えを提起することができる。
一　配偶者に不貞な行為があったとき。
二　配偶者から悪意で遺棄されたとき。

三　配偶者の生死が三年以上明らかでないとき。
四　配偶者が強度の精神病にかかり、回復の見込みがないとき。
五　その他婚姻を継続し難い重大な事由があるとき。
2　裁判所は、前項第一号から第四号までに掲げる事由がある場合であっても、一切の事情を考慮して婚姻の継続を相当と認めるときは、離婚の請求を棄却することができる。

最初に、「夫婦の一方は、次に掲げる場合に限り、離婚の訴えを提起することができる。」とあって、五つの事項が列記されている。その後に改行があって、「2　裁判所は……」と続く。そのため、本条冒頭から「五　その他婚姻を継続し難い重大な事由があるとき。」までが一項であることがわかる。「1」とか「①」といった文字は存在しなくても、一項であることを見抜かなければならない。次に、一項の中で五つの事項が列記されているから、それぞれが一号、二号……となる。この列記事項（すなわち、「号」）を導く文章を「柱書」と呼ぶ。それゆえ、もし「配偶者から悪意で遺棄されたとき。」の部分を引用したいときは、「民法七七〇条一項二号」と表記することになる。「夫婦の一方は、次に掲げる場合に限り、……」の部分は、「民法七七〇条一項柱書」となる。

なお、条も項も号も、正式にはすべて「第」という文字を付すことになるため、正式に引用するときは、「民法第七七〇条第一項第一号」のようになる。

二　ところで、法令に一部改正が行なわれるときに、条の順序を大幅に動かすとなると、法令の理解に混乱が生じ、法実務の面にとどまらず、社会生活の上で法的安定性の維持に重大な支障を来すことになる。

そのような場合、既存の条の前に、あるいは既存の条と条の間に新しい条を挿入することがある。例えば、平成一六年の現代語化改正前の民法の場合、第一条の次に、「第一条ノ二」、「第一条ノ三」と続いていた。

旧憲法下においては、この「第一条ノ三」が第一条に位置していた。しかし、新憲法の施行により民法の改正が行なわれ（一九四七年）、憲法の基本原理を民法に反映させるために前二条が追加されることになった。その場合、旧第一条を繰り下げることになるが、その結果これを「第三条」と定めると、民法の全条文に大変動が生じることになる。これによる混乱を回避するため、旧民法第一条に枝番号を付けて、新民法では「第一条ノ三」とし、新しく追加された条文については「第一条」・「第一条ノ二」として、追加による混乱を最小限度にとどめる立法措置を講じたのである。

同様のことが、昭和三七年の法改正で追加された同時死亡の推定に関する「民法三二条ノ二」についても言える。この場合も、「三二条ノ二」という枝番号を付けずに、これを「三三条」と変えたならば、旧三三条は三四条と、以下すべての条文の条数を繰り下げていかねばならなくなる。それでは、全体で千以上もの条から構成されている民法各条の条数に変動が生じ、大混乱を招来しかねないことになる。

　したがって、「民法一条ノ三」は「民法一条三項」とはまったく違うのであり、同様に「民法一条二項」と「民法一条ノ二」とはまったく違うことが明らかとなろう。枝番号を持つ条文は、特に地方自治法や社会保障法、税法等の法律に顕著に見られる。これらは、改正の回数が多いという特徴を有する法分野である。枝番号の付いた条については、枝番号までが「条数」になることに注意したい。

　いま、地方自治法を例にとれば、地方公共団体の休日を定めた地方自治法四条の二は四項まで定めているので、条文の呼称としては地方自治法四条の二第一項、以下順次同第二項、第三項、第四項ということになる。枝番号を持つ条と単なる項とは明確に区別しておかねばならない。

　枝番号付きの条と条の間に新しい条を追加するときは、孫番号が付されることになる。なお、枝番号（又は孫番号）を持つ条に項や号がある場合、混乱を避け、明確を期するために、仮に条項号に付く「第」の文字を省略して引用しているときであっても、枝番号の後には必ず「第」の文字を付することを忘れてはならない。すなわち、ここでは、「地方自治法四条の二一項」ではなく、「地方自治法四条の二第一項」となる。前者のような書き方をしてしまえば、一見、「二十一項」の意と誤解されてしまう点に注意を要する。

また、平成一二年の民法改正で、枝番号を持つ条と条の間に孫番号を持つ条文が民法の中に追加された。すなわち、根抵当権者・債務者についての会社の分割について定めた「民法三九八条ノ一〇ノ二」の規定である。孫番号を持つ条文は、地方自治法や地方税法といった分野ではしばしば存在するが、民法では本条が最初の条文ということになろう。ところが、平成一六年の現代語化改正のときに、三九八条ノ八を三九八条の七第三項とし、三九八条ノ九を三九八条の八に、三九八条ノ十を三九八条の九にすることで、三九八条ノ十ノ二は、三九八条の十となった。このように、部分的な条数繰上げ（ないしは繰下げ）は、枝番号・孫番号の整理・消滅のために、しばしば行なわれている。

三　次に、一つの条や項が複数の文から成り立っている場合を考えよう。最初に、二つの文で成り立っている場合である。この場合、さらに二種類に分けて考えなければならない。第一が、二つ目の文（すなわち、後半の文）が「ただし」で始まっている場合である。このとき、前半の文を「本文」といい、後半の文を「ただし書《がき》」（古くは「但書」と表記した。）という。例えば、民法七九〇条一項は、「嫡出である子は、父母の氏を称する。ただし、子の出生前に父母が離婚したときは、離婚の際における父母の氏を称する。」と定めている。この条文は二つの文から成り立っており、しかも後半の文が「ただし」で始まっている。それゆえ、この前半の文を「民法七九〇条一項本文」といい、後半の文を「民法七九〇条一項ただし書」という。

第二に、二つの文で成り立っていて、しかも後半の文が「ただし」で始まっていない場合である。この場合は、前半の文を「前段」といい、後半の文を「後段」という。例えば、民法七八三条一項は、「父は、胎内に在る子でも、認知することができる。この場合においては、母の承諾を得なければならない。」と定めている。この条文は二つの文から成り立っており、しかも後半の文が「ただし」で始まっていない。それゆえ、この前半の文を「民法七八三条一項前段」といい、後半の文を「民法七八三条一項後段」という。先に述べた「本文」と「前段」は、正しく区別しなければならない。二つ目の文（すなわち、後半の文）が「ただし」で始まっているのに、その前半の文を「前段」と呼ぶのは大きな誤りである。

では、一つの条や項が、三つの文から成り立っていたら、どうするのか。この場合、真ん中の文を「中段」という。国家公務員法一〇一条一項がその例である。最初の文が「国家公務員法一〇一条一項前段」、二番目の文が「国家公務員法一〇一条一項中段」、最後の文が「国家公務員法一〇一条一項後段」となる。

さらに、文が四つあったらどうするのか。このような場合、「一段」、「二段」、「三段」、「四段」という（「一文」、「二文」、……ということもある。）。手形法一六条一項の各文を各自で解読して、表記をしてほしい。

四　以上の知見を元に、設問の傍線部分の引用表記を考えよう。〔1〕は「民法一一一条一項一号」、〔2〕は「民法二六九条の二第一項後段」となる（枝番号の直後の「第」字に注意せよ。）。〔3〕は、各自で表記を行なってほしい。

この条文の構造の話題は、慣れてしまえば、どのような条文でも一瞬で表記できるようになる。そのようになるまで、六法をランダムにめくって、手当たり次第、引用の表記を行なう練習をしてほしいものである。それが、とにかく法文に慣れるよい機会となろう。

また、法令の中には「別表」という形で表が付されているものもあれば（例えば、家事事件手続法）、「別記」という形で別記されているものもある（国旗及び国歌に関する法律）。法令のさまざまな規定方式についても知っておきたい。

Let's try

① 手形法一六条一項のように、一つの条（項）が一段落でかつ四つの文で成り立っているものを、他に探してみよう。また、一つの条（項）が一段落でかつ五つの文から成り立っている条文を探してみよう。

② 五・七・五の一七音で成り立っている条文を探してみよう。

11

前条・次条

10で述べたのとは少し異なり、ここでは、条文の中で別の条文を引用する場合のルールについて考えよう。従前の例にならい、設問を考えながら理解を深めることにしよう。

ある法律に第一一条から第一五条の五ヶ条が存在していたとする。この五ヶ条は連続した条で、途中に枝番号付きの条は存在しないと仮定する。この場合において、下記のようなときは、それぞれどのように表記するのが適切か。

〔1〕第一二条において、第一一条に言及するとき。
〔2〕第一三条において、第一一条に言及するとき。
〔3〕第一三条において、第一一条及び第一二条に言及するとき。
〔4〕第一四条において、第一一条及び第一三条に言及するとき。
〔5〕第一三条において、第一四条に言及するとき。
〔6〕第一三条において、第一四条及び第一五条に言及するとき

一　ある条文の中で他の条文が引用される（言及される）ことは非常に多い。この場合、引用される（言及される）条文の条数を単純に記載すればよい。例えば、民法八八九条一項柱書「次に掲げる者は、第八百八十七条の規定により相続人となるべき者がない場合には、次に掲げる順序の順位に従って相続人となる。」がその例である。

ところが、その引用される（言及される）条が直前の条であるときは、「前条」の規定と表記される。例えば、民法八九七条一項本文にいう「前条の規定」は、当然のことながら、民法八九六条を指す。直前の二つ以上の条を引用したいときは、「前二条」、「前三条」、……という記載となる。例えば、民法九〇二条一項の「前二条の規定」は、直前の二つの条、すなわち、九〇〇条と九〇一条を意味する。これは、その次の九〇二条の二と比較するとよくわかる。九〇二条の二本文にいう「前条の規定」は九〇二条のことであり、九〇二条の二では、九〇〇条と九〇一条について、（直前の二ヶ条でないがゆえに）「第九百条及び第九百一条の規定」と表記することになるのである。そして、九〇三条一項においても、（直前の条文でないがゆえに）「第九百条から第九百二条までの規定」という表記となるのである。軽犯罪法二条と三条に登場する「前条の罪」と「第一条の罪」はまったく同じ意味であるのに異なる表現となっていることの理由は、すでに明らかであろう。

これが項であれば、「前項」、「前二項」、……という表記となり、号ならば、「前号」、「前二号」、……となる。一つの条が複数の項に分かれて、一項で何かを定め、二項でそれについて言及するときに、「前項の……」と言及されることは頻繁に起こる。章でも編でも同じことが行われる。例えば、民法四二八条には「次款（連帯債権）の規定」との表記が見られ、第三節の中の第三款（連帯債権）の意味であることは明らかであるし、民法九一九条二項においては、「前編（親族）の規定」との表記が見られ、民法第四編（親族編）の意味であることは明らかである。

二　直後の条であるときは、「次条」となる。「次条」という表記は、次に定めようとしていることを先に言及することになるので、「前条」と異なり、多くは登場しない。項ならば、「次項」であり、号ならば「次号」となる。例えば、家事事件手続法一一七条一項に「次項」と「次条」が登場する。民事執行法一七五条二項には、「前項」と「次項」という二つの表記がきれいな形で現れる。

直後の条について言及する場合の「次条」については、一ヶ条についてのみの言及であり、直後の連続する複数の条に言及する場合であっても、一般には、「次二条」とか「次三条」と言われていないようである。かような場合は、直後の条につき「次条」と記載して、そのさらに後の条は条数を記載する。例として、民法八九九条の二第一項「相続による権利の承継は、遺産の分割によるものかどうかにかかわらず、次条及び第九百一条の規定により算定した相続分を超える部分については、登記、登録その他の対抗要件を備えなければ、第三者に対抗することができない。」（「次条」というのは九〇〇条のことであり、「次二条」とはなっていない。）、民法七四三条「婚姻は、次条から第七百四十七条までの規定によらなければ、取り消すことができない。」（「次四条」とはなっていない。）を挙げることができる。それゆえ、設問〔6〕は「次条及び第一五条の規定」と表記することになる。

三　実は、この「前条（項・号）」・「次条（項・号）」については、「ついうっかり」というミスを犯しやすい。興味深い例を挙げておこう。平成一三年法律一二八号による（当時の）商法二八五条改正がそれである。この条文の中に他に改正すべき語句があったので、ついでに昭和四九年当時の立法ミス（？）を正したと考えられるのである。

すなわち、商法二八五条（昭和四九年法律二一号改正後）は、「会社ノ会計帳簿ニ記載スベキ財産ノ価額ニ付テハ第三四条第二号ノ外第二八五条ノ二及第二八五条ノ四乃至第二八五条ノ七ノ規定ヲ適用ス」であった。それが、平成一三年一一月二八日法律一二八号による改正後の商法二八五条は、「会社ノ会計帳簿ニ記載又ハ記録スベキ財産ノ価額ニ付テハ第三四条第二号ノ外次条及第二八五条ノ四乃至第二八五条ノ七ノ規定ヲ適用ス」（施行は平成一四年四月一日）であった。ここでは、電算処理に対応させるため、「記載」の部分を「記載又ハ記録」に改めるための改正が行われた（紙ではなく電磁的記録が材質のときは「記録」となる。）。しかし、それ以外に、一か所変更されているのに気付いただろうか。「第二八五条ノ二」の箇所が「次条」に改められているのである。「記載」を「記載又ハ記録」に改める必要が生じ、そのついでに（？）、本来、「次条」と表記すべきミスを正したのであろう。この間、二八五条ノ二は、何の変更もなかった。

ところが、施行直後の平成一四年五月二九日法律四四号による改正で、この商法二八五条は、「会社ノ会計帳簿ニ記載又ハ記録スベキ財産ニ付テハ第三四条ノ規定ニ拘ラズ法務省令ノ定ムル所ニ依リ其ノ価額ヲ付スルコトヲ要ス」となり、次条に当たる二八五条ノ二（から二八五条ノ七まで）は削られてしまった（施行は平成一五年四月一日）。したがって、この法文に関して、「次条」という正しい用語は、わずか一年間の命であったことになる。

こうした誤りを犯さないよう、補訂者も十分、注意していきたいと考えている。

Let's try

六法を自由にめくり、「前条（項・号）」、「前二条（項・号）」、「前三条（項・号）」、……、そして「次条」、「次項」、「次号」といった表記が実際に用いられているのを確認し、それぞれ、なぜそのような引用（言及）が必要となっているのかを考えよう。

12
条文見出し

「条文見出し」とは、法令の条名の右肩に丸括弧（　）書きで条文の内容を簡潔に表現したものをいう。例えば、刑法一条を見ると、

（国内犯）
第一条　この法律は、日本国内において罪を犯したすべての者に適用する。
（第二項は省略）

また、民事訴訟法の場合について見ると、

（裁判所及び当事者の責務）
第二条　裁判所は、民事訴訟が公正かつ迅速に行われるように努め、当事者は、信義に従い誠実に民事訴訟を追行しなければならない。

右の刑法一条の右肩にある括弧内の「国内犯」が、そして民事訴訟法二条の右肩の括弧内の「裁判所及び当事者の責務」が「条文見出し」、あるいは単に「見出し」と呼ばれているものである。

この「見出し」が付け始められたのは、昭和二二年頃の法律からであったが、その当時は各条文の条の字のすぐ下に丸括弧（　）書きで見出しが付けられていた。

例えば、昭和二二年施行の教育基本法では、

第一条（教育の目的）教育は、人格の完成をめざし、平和的な国家及び社会の形成者として、真理と正義を愛し、個人の価値をたつとび、勤労と責任を重んじ、自主的精神に充ちた心身ともに健康な国民の育成を期して行われなければならない。

また、同じく昭和二二年の施行の裁判所法では、

第三条（裁判所の権限）裁判所は、日本国憲法に特別の定のある場合を除いて一切の法律上の争訟を裁判し、その他法律において特に定める権限を有する。
（第二項及び第三項は省略）

しかし、昭和二四年頃から、先の刑法や民事訴訟法に見られるように、各条文の条名の右肩に付けられるようになり、爾来この方式が採用されている。以下、具体的な問題に即しながら、条文の見出しについての理解を深めることにしよう。

次の文章の中で誤りのあるものがあれば、それを正しなさい。
〔1〕憲法九条に付された「戦争の放棄、戦力及び交戦権の否認」という見出しは、憲法の一部をなすものである。
〔2〕法令の条文の「見出し」は、検索の便宜上、条文の内容を簡潔にまとめたものにすぎず、その条文の解釈の根拠となるものではない。

一　いま、有斐閣社発行の『ポケット六法』（令和五年版）を見ると、憲法・国会法・戸籍法等の見出しのように【　】形の括弧で括られているものと、行政手続法・借地借家法・少年法等の見出しのように（　）形の括弧で括られているものとがある。

この両者は、どのように違うのか。書物を読む場合、「はしがき」や「目次」にまず目を通した後に、本文に移るのが読書の鉄則である。しかし、最近は、一部の雑誌等のように「書物」の名に値しない出版物が氾濫しているせいか、「書物を繙いたらまず『はしがき』を読む」という読書の嗜みも次第に失われつつあるように見える。

右の『ポケット六法』（令和五年版）の「はしがき」、そしてそれを受けての「凡例」を見ると、「条文見出し」として「条文見出しのうち、（　）のものは法令自体に付いていたもの。【　】のものは編集者が付けたものであ」ると説明されている。

法令には、条文に見出しの付いているものと付いていないものとがある。前者は昭和二四年頃（一部は同二二年、二三年）から付け始められ、したがってそれ以前の法令には見出しは付けられていない。

そこで、六法の編集者は、利用する読者の便宜のために条文見出しの付いていない法令については、法令自体に付けられた「見出し」とは区別するために【　】形括弧を用いてそれを明示しているのである。したがって、【　】に挿入されている言句は、発行所や編集者によって表現が異なる場合があり得ることになる。

有斐閣『ポケット六法』（令和五年版）所掲の憲法の見出しは、編集者が編集の立場から利用者の便宜を考慮して付けたものであって、それ以外の何物でもない。したがって、そもそも憲法自体には見出しが付けられていないのであるから、私人たる編集者が付した憲法の条文見出しは、いかなる意味においても憲法の一部ではないことは論を俟たない。

二　六法の見出しについて、最高裁で争われたことがあった。

地方自治法一四二条は、「普通地方公共団体の長は、当該普通地方公共団体に対し請負をする者及びその支配人又は主として同一の行為をする法人……の無限責任社員、取締役、執行役若しくは監査役若しくはこれらに準ずべき者、支配人及び清算人たることができない。」と定めている。ところで、その条に「(関係私企業からの隔離)」という「見出し」を付している六法があった。そこで、ある人が、「自転車振興会は、私企業ではないから、地方自治法第一四二条によって、自転車振興会の理事が市町村長を兼ねることは禁止されていないはずだ」と主張し、訴訟で争われることになった。

上告代理人は上告理由の中で六法の条文見出しについて議論を展開したが、最高裁は特にこの話題には触れずに上告を受け入れた（最判昭和三二年一二月三日民集一一巻一三号二〇三一頁）。

なお、蛇足かもしれないが、六法の中には、前述の「関係私企業からの隔離」（有斐閣『ポケット六法』）のほかに、同条の見出しを「関係諸企業への関与禁止」（三省堂『デイリー六法二〇二二』）という言句を付しているものもある。

これに対し、法令の条文に見出しが付されている場合は、右の場合と事情を異にし、条文解釈の参考とされる。昭和三〇年法律第五一号による改正前の銃砲刀剣類等所持取締令一五條の解釈に際して、最高裁は、「前記改正前の同令一五条では、取締の対象となる『ひ首に類似する刃物』は、刃渡一五センチメートル未満のものに限られていたのである（改正前の同条に『刃渡十五センチメートル未満の』というのが、『類似する刃物』にもかかる限定であることは、同条のみだしに（刃渡十五センチメートル未満の刄物の携帯の禁止）とあることによつても、明らかである）。」と判示している（最判昭和三一年四月一〇日刑集一〇巻四号五二〇頁）。

いずれにせよ、法令の条文の見出しの場合、それは確かに法規的役割を果たすものではないが、条文の解釈において参考になるものであることは疑い得ないところであろう。

Let's try

六法を自由にめくり、法律ごとに、条文見出しがどのようになっているか確認しよう。また、一つの条文見出しが複数の条の見出しとなっているケースを見つけよう。

13 「削除」と「削る」

枝番号を持つ条文と関連して、立法措置としては逆の効果を持つ「削除」について、そしてこの「削除」と「削る」との関係について言及しておこう。

法令中のある条文を廃止する場合、その条文が最末尾のものでない限り、これを欠番にしておくことができない。そのような場合、この条文より後にある条文を順次繰り上げていくと、数多くの条文から構成されている大きな法令においては法律上、大混乱が生じることになる。

そこで廃止される条文が欠番にならないように形だけでも残しておくという配慮から、例えば「第○条　削除」という方法が用いられるのである。刑法を例に挙げれば、尊属殺人重罰規定の二〇〇条は平成七年の改正刑法により「第二百条　削除」と改められた。改正前は、「第二百条　自己又ハ配偶者ノ直系尊属ヲ殺シタル者ハ死刑又ハ無期懲役ニ処ス」と中身のあった条文を右のように単に「削除」と表現するにとどめて、いわば形骸だけにし、条の繰上げから生じる法的混乱（もし二〇一条以下の条数繰上げが行なわれたら、二〇一条以下の条文を引用するあらゆる法文に影響する。）を事前に防止しているのである。法学学習者の立場からしても、著名な条文の条数は、学習が進むにつれて自然と覚えてしまうものであるが、それの条数が法改正の度にずれていったら迷惑であろう。

その他の例を見てみよう。軽犯罪法一条は、その内部の号に関して、このような措置がとられている（二一号が「削除」）。また、現行商法は、三二条から五〇〇条までという大量の条文がまとめて「削除」されることで、五〇一条以下がそのまま残っているのである。これは「会社法」という独立した法律が制定されたことで、商法の中の会社に関する規定群を新「会社法」に移行させたことが理由である。さらに、地方税法のように節ごと削除されている法律もある（第三章第五節及び第七節）。

この「削除」と似而非なるものが「削る」である。「削る」は、法令中の削る対象を法令の中から消し去る場合に用いられる。したがって、「削る」という場合においては、削られた条・項・号は欠番になってしまうので、それ以後の条・項・号を繰り上げる必要が生じる。

例えば、5で参考例として挙げた平成一二年制定の「港湾法の一部を改正する法律」を見てみよう。本法において、「第四十二条第一項中『外かく施設又はけい留施設』を『外郭施設又は係留施設（これらの施設のうち運輸省令で定める小規模なものを除く。）』に改め、同条中第二項を削り、第三項を第二項とし、同条第四項中『前三項』を『前二項』に改め、同項を同条第三項とし、同条第五項中『又は第二項』を削り、同項を同条第四項とする。」と定められているが、これなどはその典型的な例と言えよう。

これは、法律の中で最後のほうの条（ないしは、項・号に関しては最後のほうの項・号）について、このような措置がとられることが多い。削られる当該条（項・号）よりうしろにある条（項・号）が少ないがゆえに、条（項・号）の繰上げによる影響が少ない場合と言える。

Let's try

六法を自由にめくり、「削除」となっている条・項・号をできる限り多く見つけよう。また、六法編集部による注記を参考に「削る」という方式で姿を消した条・項・号を見つけよう。

14 原則・例外関係の条文での表現

法令の世界においては、ある事項を決めるにあたって、どうしてもその例外事象が発生してしまうことが多い。法律を始めとする成文法は、極力、すべてのケースを想定した上で各条文が作られるわけであるが、どうしてもそれに当てはまらないケースは往々にして発生する。その場合に、あらかじめそのような例外を認識しているのであれば、その例外事象の扱いについて条文上、記載しておく必要があろう。また、なんらかの理由から、意図的に、ある一定の条件を満たす場合には当該条項は適用されないようにしておきたい場合もある。これらは、いわば、「原則・例外」の関係に立つ場合ということになり、条文上、このような「原則・例外」関係をどう表現するのかを見ておくことは、法令の正確な理解に近づく意味でも意味があるであろう。また、法学の学習に際しても、「原則・例外」の関係を見抜くことは、各論点の深い理解に繋がるであろう。

まず、指摘しておくべきことは、条文上、「原則として……」とか、「原則……」といった表現は、普通は用いない。「原則として……」などと書いてしまったら、そもそも初めから適用されない場面があると言っているに等しく、当該条項の「……」部分の適用回避のために、わざと「曲解」をする人が続出する虞があろう。

では、原則・例外関係は、条文上、どのように表現されているだろうか。四つのパターンを考えよう。
① ただし書を用いる方法　ただし書は通常、例外を表現したいときに用いられることが多い。例えば、民法八九六条は、「相続人は、相続開始の時から、被相続人の財産に属した一切の権利義務を承継する。ただし、被相続人の一身に専属したものは、この限りでない。」と定めている。すなわち、同条本文で、「被相続人の財産に属した一切の権利義務」の承継を定め、しかし、「被相続人の一身に専属したもの」は承継されない旨を定めているのであるから、ただし書で例外事象を定めていることになる。
② 「にかかわらず」を用いる方法　民法八九七条一項本文は、「系譜、祭具及び墳墓の所有権は、前条の規定にかかわらず、慣習に従って祖先の祭祀を主宰すべき者が承継する。」と定めている。これは、「系譜、祭具及び墳墓の所有権」については、（一般的な）「相続人」ではな

く、「祖先の祭祀を主宰すべき者」が承継するという、いわば、前条である八九六条の適用から除外されるケース、すなわち例外となる事象について規定しているのであり、それを八九六条の規定にかかわらず」で、その旨を定めているのである。この条項は、さらにただし書「ただし、被相続人の指定に従って祖先の祭祀を主宰すべき者があるときは、その者が承継する。」を付すことで、いわば「例外事象の（そのまた）例外事象」も定めていることをきちんと読み取ってほしい。

③　例外事象を号で記載する方法　個人情報の保護に関する法律二〇条二項柱書は、「個人情報取扱事業者は、次に掲げる場合を除くほか、あらかじめ本人の同意を得ないで、要配慮個人情報を取得してはならない。」と定め、一号から八号までの八通りの例外事象を定めている。適用を除外するパターンがいくつもある場合に、号を使ってすべてを列記していくわけである。同法一六条二項ただし書、一八条三項、二一条四項等を各自で確認してほしい。

④　例外事象をカッコ書きで記載する方法　民法六二一条本文は、「賃借人は、賃借物を受け取った後にこれに生じた損傷（通常の使用及び収益によって生じた賃借物の損耗並びに賃借物の経年変化を除く。以下この条において同じ。）がある場合において、賃貸借が終了したときは、その損傷を原状に復する義務を負う。」と定めている。ここでは、「損傷」について、丸カッコを用いて、その中で、除外されるものが明らかにされている。この条は、ただし書も付

加されており、損傷に対する帰責事由の有無の問題についての例外事象も定められている。丸カッコの中とただし書の二種類の例外事象について正しく読み取る必要がある。同法一〇三三条三項も同様の規定であるので、各自で確認してほしい。

Let's try

六法を自由にめくり、前記解説を参考に、「原則・例外」関係を表している条項をできる限り多く見つけよう。

15 適用と準用

次に、「適用」と「準用」についての理解を深めておこう。なぜなら、法令自体の中ですら誤用されている場合があるからである。

例えば、平成一六年現代語化改正前の民法三五条二項は「前項ノ社団法人ニハ総テ商事会社ニ関スル規定ヲ準用ス」と定めていたが、ここでの「準用ス」は正しくは「適用ス」とすべきであった。これとは逆に、現代語化改正前の民法五五三条に定める「負担付贈与ニ付テハ本節ノ規定ノ外双務契約ニ関スル規定ヲ適用ス」という条文の中の「適用ス」は、正しくは「準用ス」とすべきであったところ、現代語化改正のときに「準用する」に直された。このように、法令ですら「適用」と「準用」とは混同される場合があるので、両者の関係を明確にしておく必要がある。

次の設問の文章の中で誤りのあるものがあれば、それを正しなさい。
〔1〕適用とは、法令の規定の効力を一般的に発動させることをいう。
〔2〕準用は、適用の一種であって、本来同一のものであり、ある法令の規定を他の事項にあてはめて用いることをいう。
〔3〕準用の場合、ある法令の規定の事項を他の事項にあてはめて用いるのであるが、その際、変更を加えることは一切許されない。
〔4〕「この法律は、四月一日から施行し、同日以後に終了する事業年度分の法人税から適用する。」と定めた法律は、その施行時期として四月一日と規定している以上、四月一日以後に生じた事柄に対して当然に適用されることになる。したがって、本条においては「……から施行する」と規定しておけば、それで十分であって、「……から施行し、……から適用する」は用語の重畳的用法ということになる。

一　「適用」とは、法令の規定を個々具体的な特定の人、特定の事項、特定の地域などに関して実際にあてはめて、その効力を現実に働かせることをいう。これに対して、「施行」とは、すでに述べたように、法令の規定の効力を一般的に発動させることをいう。

このことは、例えば、刑法一条一項に定める「この法律は、日本国内において罪を犯したすべての者に適用する。」における「適用する」と刑法附則一条に定める「この法律は、公布の日から起算して二十日を経過した日から施行する。」における「施行する」というこの二つの用語の表現内容の違いから直ちに明らかになろう。

二　法令上、「適用」と「準用」とは明確に区別されて使用されている。例えば、地方自治法附則七条一項は「……であった者が恩給法第十九条に規定する公務員……となつた場合において、その者に同法の規定を適用し、又は準用するときは、……」と定めているし、また同条二項でも「……恩給法第二条第一項に規定する一時恩給又は一時扶助料に関する同法の規定の適用又は準用については、これを勤続とみなす。」と定め、この両者を明確に使い分けている。

「適用」は、すでに述べたように、特定の法令の規定を特定の具体的な対象にそのままあてはめて働かせることである。これに対して、「準用」はある特定の規定に関して、本来はその規定が対象とする事柄とは本質的に異なる他の人や事項や地域等に必要な修正を加えつつこれをあてはめ、その規定の効力を働かせることをいう。

例えば、民法七七一条は「第七百六十六条から第七百六十九条までの規定は、裁判上の離婚について準用する。」と定めているが、同法七六六条から七六九条は協議上の離婚の効果（子の監護者の決定、離婚と氏、財産分与、離婚による復氏の際の祭祀承継）に関する規定である。民法七七一条は、「協議上の離婚」を「裁判上の離婚」に変更修正し、七六六条から七六九条を「裁判上の離婚」の場合に適用させ、裁判上の離婚の場合について、子の監護者の決定、離婚と氏、財産分与、離婚による復氏の際の祭祀承継の規定を置いたと同じ結果となるように定めたのである。仮に協議上の離婚の効果についてすでに規定していることを、裁判上の離婚の効果についても、その取扱い方法が両者でまったく同じであるにもかかわらず、もう一度繰り返して規定するとなると、極めて煩雑となり、条文の数も多くなって、結果的に法典あるいは法律の美学は損なわれることになる。準用は、まさにこのような事態を回避するために考え出された極めて便利な立法技術ということになる。

準用条文を読むときには、準用される条文を頭の中で適宜、修正して読むことが重要になる。例えば、この場合の七六六条が七七一条によって準用される際には、その一項の「父母が協議上の離婚をするときは、」の文言を「父母が裁判上の離婚をするときは、」と修正して読むことになる。これについて、根拠条文として指摘しなければならないときには、先に準用する旨を定めた条文を記載し、その後に準用される条文を記載することになる。例えば、「民法七七一条、七六六条一項本文」と記載する。

三　設問〔4〕の場合のように「……から施行し、……から適用する」という規定の仕方は、確かに、その施行期日さえ規定しておけば、その法令はその期日以後に生じた事柄に対して当然に適用されることになるから、あえて「……から適用する」という後半の用語を用いる必要はなくなり、「……から施行する」のみで十分であるかもしれない。しかし、法令が改正された場合に、その改正法の施行期日とともに、経過的に改正前の法令と改正後の法令との適用区分を明確にしておかねばならないような事態が生じることがある。

例えば、設問〔4〕の事例について言えば、「四月一日から施行する」というだけでは、その新しい税率が四月一日以後に生じた所得について適用されるのか、または四月一日以後に開始する事業年度の所得から適用されるのか、さらにまた四月一日以後に終了する事業年度の所得から適用されるのか判然としない。そこで施行される新法の適用区分を明確にするために、「……から施行し、……から適用する」という規定の仕方をとっているのである。例えば、製造物責任法附則一項に定める「この法律は、公布の日から起算して一年を経過した日から施行し、この法律の施行後にその製造業者等が引き渡した製造物について適用する。」という規定の仕方は、その好個の例の一つと言えよう。

四　以上の知見を前提に、冒頭に掲げた現代語化改正前の民法三五条二項と民法五五三条の規定について論及しておこう。

まず、民法三五条二項で用いられている「準用」は、「準用」の原則的な用語法によるならば、「適用ス」でなければならなかった。なぜなら、同条一項の「営利ヲ目的トスル社団法人」は商法上「会社」とみなされ（当時の商法五二条二項）、それゆえこの両者はその法的本質を同じくするものであるからである。逆に、民法五五三条の「適用ス」は「準用ス」でなければならなかった。なぜなら、負担附贈与は双務契約と理解されるべきものではなく、この両者はその本質をまったく異にするものである以上、必要な修正を加えて適用する必要があるからである。それゆえ「適用」の原則的な用語法に従えば、本条で「適用ス」を用いることは正しくないことになる。

五　なお、「準用」は、解釈の一手法である「類推適用」と混同されることがある。実際、両者は明確に分けられて使われないこともあり、法学文献上でも、「準用ないしは類推適用」といったあいまいな表現がなされることもある。しかし、本来的には、「準用」は条文が別の条文の場合に用いられることを示すものであるのに対して、「類推適用」はあくまでも一解釈者がある条文を別のケースで用いようとしている、と考えるのが筋であろう。条文上の用語が「準用」なのであって、条文の中で「……を類推する」とか「……を類推適用する」などという表現はあり得ないのである。

余談になるが、昨今、「適用」と「適応」の区別を意識していない者が増加しているように思われる。いくら発音が似ているとはいえ、別の単語であることは多言を要すまい。これは法令用語の問題というよりも、日本語力の問題であろう。例えば、ある病気に対するある治療方法が医療保険の範囲内か否かを述べたいときは、「医療保険が適用される」とすべきであろう。ある生物がある環境の中で生存できるか否かを述べたいときは、「環境に適応している」というべきであろう。薬事承認を受けていない医薬品について「適応外薬」という言い方もあるために混用が起きるのかもしれない。条文は「適用する」又は「適用される」ものであって、「適応する」又は「適応される」ものではない。初歩的な話ではあるが、初歩的な内容こそ、十分、注意する必要がある。

Let's try

① 民法七四九条は、婚姻の取消し（民法七四三条以下）の場合に、いくつかの条文を準用している。民法七四九条によって準用が指示されているすべての条文について、それらが婚姻の取消しの場合に適用される際に、どのような修正が加えられて適用されることになるかを考えよう。また、同一の条の中で準用対象となっている項と準用対象となっていない項もあるのはなぜかについても考えよう。

②　民法など、主要な法律の中に、同一法律内の他の規定を準用している条文はいくつあるか、数えてみよう。

III

条文特有の日本語表現

16 「又は」と「若しくは」

「又は」と「若しくは」という言葉は、いずれも二つ以上の語句又は文章を選択的に結びつける接続詞で、通常、選択的接続詞と呼ばれている。選択的接続詞とは、次講17で述べる「及び」や「並びに」という併合的接続詞と異なり、二つ以上の語句を選択的に結びつける接続詞をいう。例えば、仮に次の二つの条文が存在したとして、両者はその法的効果の上でどのように違うのであろうか。

① 「第五条**及び**第六条の規定に違反した者は、五万円以下の罰金に処する。」
② 「第五条**又は**第六条の規定に違反した者は、五万円以下の罰金に処する。」

①の場合、第五条と第六条の両方の規定に違反しないと、罰則がはたらかないことになる。これに対して、選択的接続詞が使われている②の場合、第五条違反の罪と第六条違反の罪が別個のものとされ、第五条の罪に違反した場合も、また第六条の罪に違反した場合でも、それぞ

れの違反に対して罰則がはたらくことになる。ここでは、「又は」と「若しくは」について扱うこととする。

ところで、この「又は」と「若しくは」の用語法については、日常生活では一般にほとんど区別されることなく同じような意味で使われている。しかし、法令用語としては厳格な使い分けがあり、両者の用語法の相違を正しく理解しておかないと、条文の真意を誤解し、条文の理解を誤ることになる。

一例として、地方自治法二五二条の一九第二項は、次のように定めている。

「指定都市がその事務を処理するに当たつて、法律又はこれに基づく政令の定めるところにより都道府県知事若しくは都道府県の委員会の許可、認可、承認その他これらに類する処分を要し、又はその事務の処理について都道府県知事若しくは都道府県の委員会の改善、停止、制限、禁止その他これらに類する指示その他の命令を受けるものとされている事項で政令で定めるものについては、政令の定めるところにより、これらの許可、認可等の処分を要せず、若しくはこれらの指示その他の命令に関する法令の規定を適用せず、又は都道府県知事若しくは都道府県の委員会の許可、認可等の処分若しくは指示その他の命令に代えて、各大臣の許可、認可等の処分を要するものとし、若しくは各大臣の指示その他の命令を受けるものとする。」

この条文はわずか一文であるにもかかわらず、「又は」と「若しくは」が目障りになるほど数多く使われている。法令用語に慣れている者には、こうした条文にさほど抵抗はないであろうが、法令用語に知悉せず、「又は」と「若しくは」を日常用語の意味でしか理解できない者には、この条文は極めて難解なものとなろう。

この二つの言葉の用語法を説明する前に、次の設問を設定し、これに依拠して解説することにしよう。

> 次の憲法の条文の空欄に「又は」あるいは「若しくは」を入れなさい。
>
> 〔1〕四〇条「何人も、抑留（　　）拘禁された後、無罪の裁判を受けたときは、法律の定めるところにより、国にその補償を求めることができる。」
>
> 〔2〕二〇条一項後段「いかなる宗教団体も、国から特権を受け、（　　）政治上の権力を行使してはならない。」
>
> 〔3〕一四条一項「すべて国民は、法の下に平等であつて、人種、信条、性別、社会的身分（　　）門地により、政治的、経済的（　　）社会的関係において、差別されない。」

〔4〕三一条「何人も、法律の定める手続によらなければ、その生命（　　　）自由を奪はれ、（　　　）その他の刑罰を科せられない。」
〔5〕三八条二項「強制、拷問（　　　）脅迫による自白（　　　）不当に長く抑留（　　　）拘禁された後の自白は、これを証拠とすることができない。」

一　言葉の単純な選択的接続のときは、「又は」が使われる。したがって、設問〔1〕の憲法四〇条の場合のように「抑留」か「拘禁」かという言葉の単純な選択的接続のときは、「又は」が使われる。同様に、設問〔2〕の憲法二〇条一項後段の場合のように、文章の単純な選択的接続のときも「又は」が使われる。「又は」が単独で使われることがあっても、「若しくは」が単独で使われることは決してない。「若しくは」が使われるのは、「又は」という語がすでに一つの要素の中で使われている場合に限られる。

二　設問〔3〕の憲法一四条一項の場合のように、「人種、信条、性別、社会的身分**又は**門地」とか、「政治的、経済的**又は**社会的関係」といったように選択的に並列される言葉が三つ以上あるときは、最後の言葉の前に「又は」を入れ、並列されている言葉の間は読点「、」でつなぐ。逆に言えば、この読点「、」に注目することも条文を読み解く際に大きなヒントとなることがある。すなわち、いくつの語句が選択されているのかを確定するにあたり、「A、B又はC」となっていれば、二つの語句（要素）ではなく三つの語句（A、B、C）が選択の関係にあることになるから、条文を読み進めていく際に読点「、」に注目することで（ここでは、Aの直後の読点「、」）、三つ以上の語句（要素）の選択関係に素早く気付くことが可能になることがある。これは、条文を読むという作業に慣れることによって、解読が速くなると言い得る。なお、この読点のルールについては、以下で述べる「若しくは」でつながれる語句（要素）が三つ以上ある場合にも、用いられる（設問〔5〕参照）。

三　難しいのは、「又は」と「若しくは」が同時に使われる場合の使用規則である。説明よりも、百聞は一見にしかず。実際の短い条文を見る方がわかりやすい。刑法一九九条がそれであり、「人を殺した者は、死刑又は無期若しくは五年以上の懲役に処する。」と定められている。これは殺人罪についての規定であり、内容をイメージしやすい。問題はその刑罰について定める部分である。ここでは、死刑なのか懲役なのかが一つの選択となっており、懲役の中で、無期懲役なのか五年以上の懲役（有期懲役）なのかが選択されている。言い換えれば、外側の大きな選択で「又は」が用いられ、中側の小さな選択で「若しくは」が用いられているわけである。これを図示すると、〔図一六－一〕のようになる。

この刑法一九九条は、短文であるばかりか、内容もイメージしやすいため、「又は」と「若

〔図16－1〕

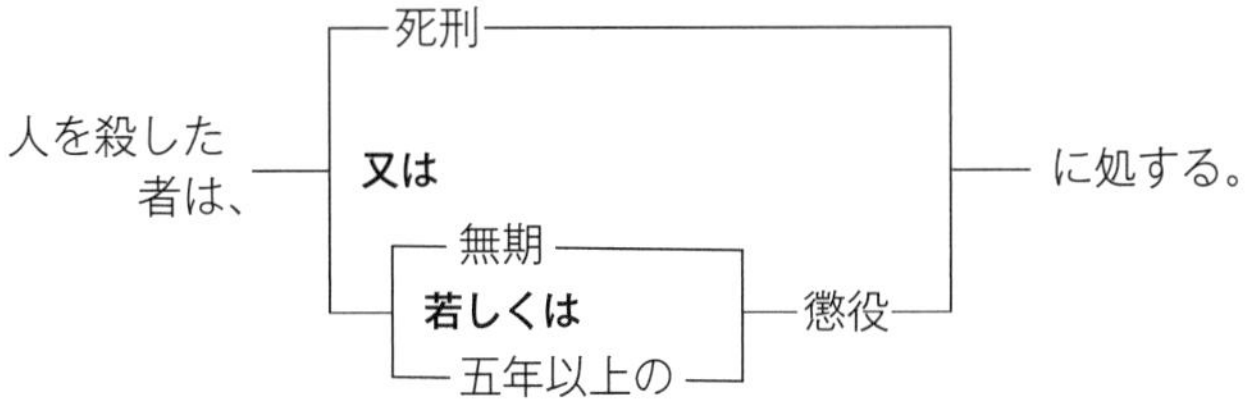

しくは」の使い分け規則を確認したいときに、すぐに六法でこの条文を見れば、使い分け規則を容易に思い出すことができるであろう。

こうした知見を前提に設問〔4〕の憲法三一条を見ると、「その生命若しくは自由を奪はれ」というグループと「その他の刑罰を科せられない」というグループとが「又は」でつながれ、前者のグループの「生命」と「自由」が「若しくは」でつながれている。すなわち、大きなグループの選択的連結には「又は」が用いられ、小さなグループの選択的連結には「若しくは」が使われていることがわかる。

四　接続のグループがさらに複雑になって、三つ以上のグループになった場合には、最も大きな選択となるところに「又は」が用いられ、その他の（すべての）小さい選択のところに「若しくは」が使われる。例えば、地方自治法一五二条二項がこれである。同条一項からの流れでこの条文を読む必要はあるものの、解読の順序としては、まず「又は」に注目する。そうすると、

〔図16－2〕

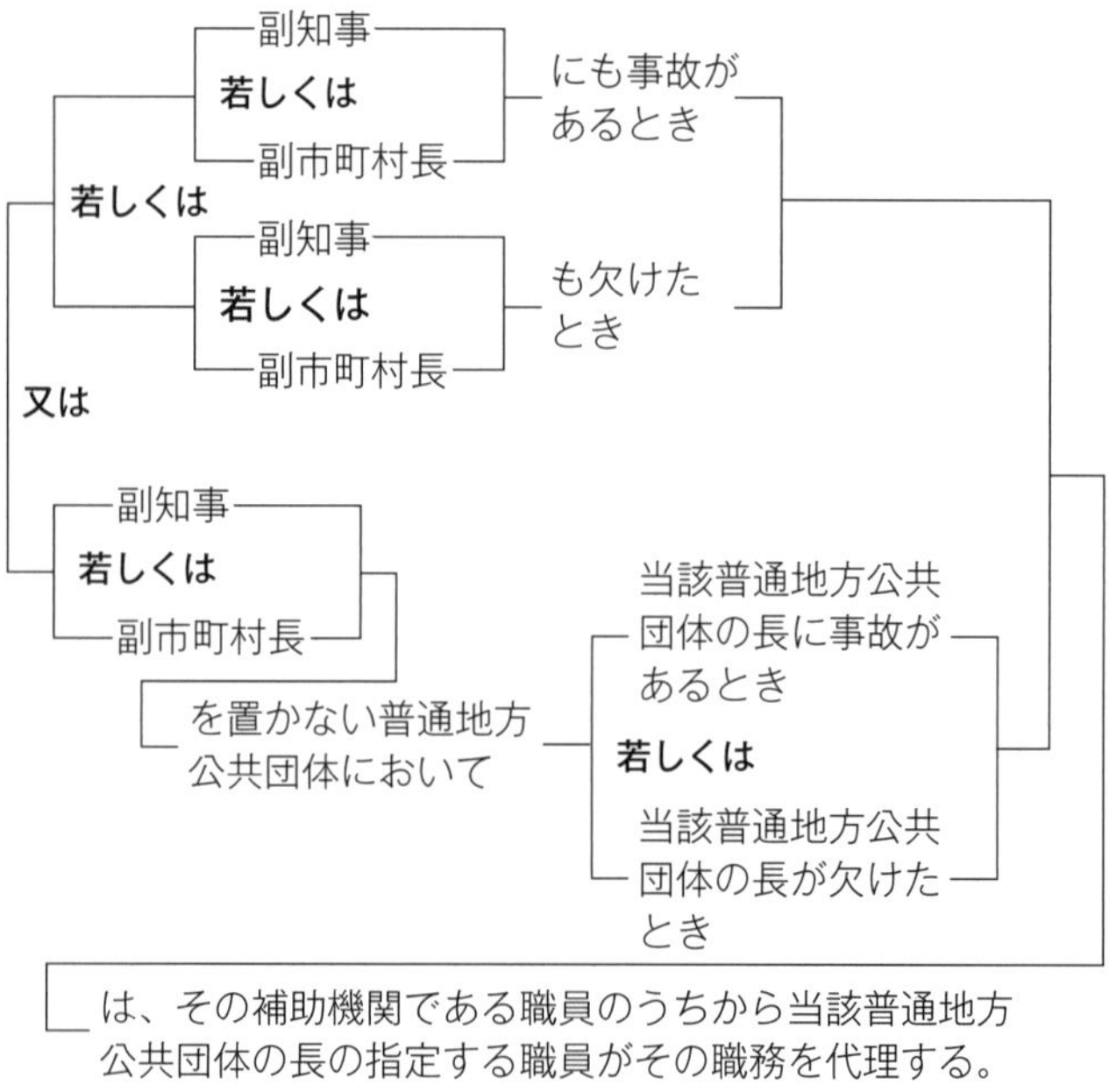
副知事
若しくは
副市町村長
にも事故があるとき
若しくは
副知事
若しくは
副市町村長
も欠けたとき
又は
副知事
若しくは
副市町村長
を置かない普通地方公共団体において
当該普通地方公共団体の長に事故があるとき
若しくは
当該普通地方公共団体の長が欠けたとき
は、その補助機関である職員のうちから当該普通地方公共団体の長の指定する職員がその職務を代理する。

「又は」の後が「副知事若しくは副市町村長を置かない普通地方公共団体」の話題であり、そうなると「又は」の前は副知事若しくは副市町村長を置く普通地方公共団体の話題であることがわかる。あとは細部を解読すれば、全体の解読が可能となろう。これを図示すると、〔図一六－二〕のようになる。

五　最後に、「たすきがけの「又は」」と呼ばれる手法を見ておこう。これは、「A又はBのC又はD」という書き方で、①AのC、②AのD、③BのC、④BのDという四種類の内容を一気に表現してしまう規則である。例えば、不法行為に基づく損害賠償について定める民法七〇九条は、「故意又は過失によって他人の権利又は法律上保護される利益を侵害した者は、これによって生じた損害を賠償する責任を負う。」と定めている。ここでは、「故意」（＝A）か「過失」（＝B）によって、他人の「権利」（＝C）か「法律上保護される利益」（＝D）を侵害するということが重要な法律要件となっており、①故意によって他人の権利を侵害する、②故意によって（他人の）法律上保護される利益を侵害する、③過失によって他人の権利を侵害する、④過失によって（他人の）法律上保護される利益を侵害するという四種類の類型が、二つの「又は」の組み合わせによって一気に定められているわけである。この用法は、刑法の犯罪構成要件を定めるときに用いられることが多い。例えば、刑法二二五条は、さまざまな目的によって略取又は誘拐する多くの類型について、一気に規定しているのである。

なお、これは、「又は」・「若しくは」の使用規則により「若しくは」が用いられる場面においては、二つの「若しくは」をたすきがけとして用いることがある点に注意しておきたい。

六　「又は」と17で述べる「及び」とは、その接続詞の性格と機能は明確に異なるが、ときには両者の意味を併用させようとする場合もないわけではない。そのような場合には、一般に「又は」を使うのが慣例になっているようである。

Let's try

① 憲法八九条、刑法二三三条、刑法一七五条一項、刑法九六条、地方公務員法四五条一項を、前記のような図にしてみよう。その際、条文上のすべての文字が図の中のどこかできちんと記載されるようにすることに注意してほしい。

② 六法を自由にめくり、「又は」と「若しくは」が使われている条文をできる限り多く見つけ、それぞれの意味に注意しながら、条文の文言を前記のような図にしてみよう。

17

「及び」と「並びに」

「及び」と「並びに」は、いずれも二つ以上の語句又は文章を併合的に結びつける接続詞で、併合的接続詞と呼ばれる。日常生活では、一般に「及び」のほうが多く使われるであろうが、実際上、両者はほとんどが同じ意味で使われ、あまり区別されることはない。しかし、法令用語としては、この両者は用語法の上で厳格な区別があり、昭和初年になってほぼ固定した区別であると言われている（林大・山田卓生編『法律類語難語辞典』（新版）（有斐閣、一九九八年）三〇頁）。それの解説の前に、次の設問を考えてみることにしよう。

次の条文の空欄に「及び」又は「並びに」を入れなさい。
〔1〕憲法一九条「思想（　　）良心の自由は、これを侵してはならない。」
〔2〕憲法一三条後段「生命、自由（　　）幸福追求に対する国民の権利については、公共の福祉に反しない限り、立法その他の国政の上で、最大の尊重を必要とする。」
〔3〕憲法七二条「内閣総理大臣は、内閣を代表して議案を国会に提出し、一般国務（　　）外交関係について国会に報告し、（　　）行政各部を指揮監督する。」
〔4〕地方公務員法二四条二項「職員の給与は、生計費（　　）国（　　）他の地方公共団体の職員（　　）民間事業の従事者の給与その他の事情を考慮して定められなければならない。」

一　言葉の単純な併合的接続のときは、「及び」が使われる。したがって、設問〔1〕の憲法一九条の場合のように、「思想」と「良心」の二つの用語を併合的に結びつけるときは、「及び」が用いられる。「及び」が単独で使われることはあっても、「並びに」は単独では決して使われることはない。「並びに」が使われるのは、「及び」という語がすでに一つの要素の中で使われている場合に限られる。

二　設問〔2〕の憲法一三条後段の場合のように、「生命、自由及び幸福追求……」といったように三つ以上の言葉（要素）が併合的に並列されているときは、最後の言葉の前に「及び」を入れ、並列されている言葉の間は「、」でつなぐ。これは、16で述べた「又は」の場合と同じであり、ここでも読点「、」の存在に注意することで、三つ以上の語句（要素）が並列していることに素早く気付くことが可能となる。「又は」による選択関係の語句（要素）のつながりのときよりも、「及び」による並列関係の語句（要素）のつながりのほうが、条文が長文化・複雑化しやすいため、読点の存在に注意することは、「又は」の場合よりも重要となる。行政法や社会保障法分野の条文を読むときにこの傾向が顕著となるので、十分、注意してほしい。

また、この後に述べる「並びに」が用いられるパターンにおいて、三つ以上の語句（要素）が並列されるときも、読点「、」によって接続されることは、「及び」の場合と同じである。

三　難しいのは、「及び」と「並びに」が同時に使われる場合の使用規則である。ここでもやはり、説明よりも、百聞は一見にしかず。実際の短い条文を見る方がわかりやすい。公職選挙法二条がそれであり、「この法律は、衆議院議員、参議院議員並びに地方公共団体の議会の議員及び長の選挙について、適用する。」と定められている（同法三条でも同じ）。これは、日常生活において選挙が行なわれる場合を思い起こせば、理解しやすいであろう。ここでは、①衆議院議員の選挙、②参議院議員の選挙、③地方公共団体の選挙という三者が並んでいること

〔図17－1〕

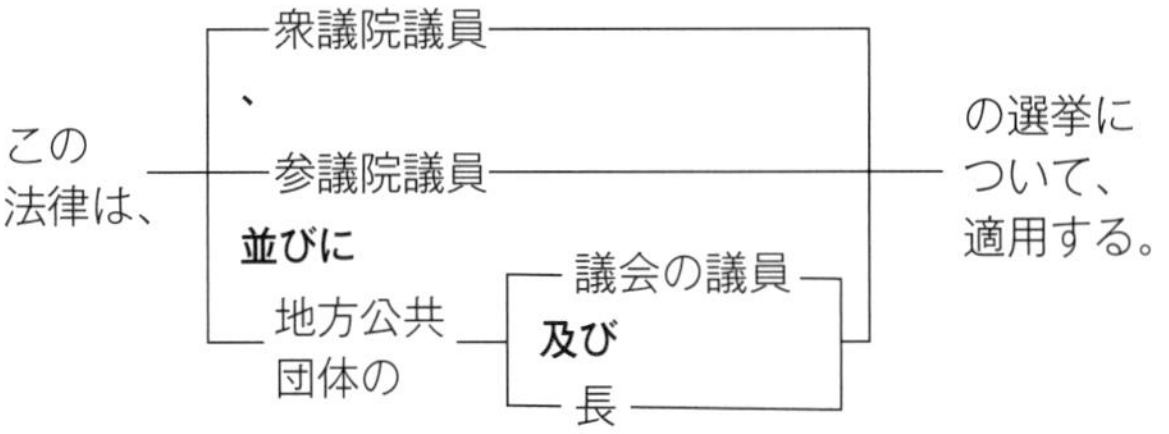

は容易に解読できる。そして、三番目の地方選挙について、地方公共団体の議会の選挙（市議選とか県議選）と地方公共団体の長の選挙（市長選とか知事選）の二つに分けられており、日本国における選挙がすべて列記されているのである。こうして、外側（大きいグループ）の連結で「並びに」が用いられ、中側（小さいグループ）の連結で「及び」が用いられていることがわかる。これを図示すると、〔図一七－一〕のようになる。

　この公職選挙法二条は、短文であるばかりか、内容もイメージしやすいため、「及び」と「並びに」の使い分け規則を確認したいときに、すぐに六法でこの条文を見れば、使い分け規則を容易に思い出すことができるであろう。

　では、設問〔3〕の憲法七二条はどうか。ここでは、内閣総理大臣の職務として三種類のことが規定されている。すなわち、①議案を国会に提出すること、②一般国務（　　）外交関係について国会に報告すること、③行政各部を指揮監督することである。この二番目の要素のところで、「一般国務」と「外交関

〔図17－2〕

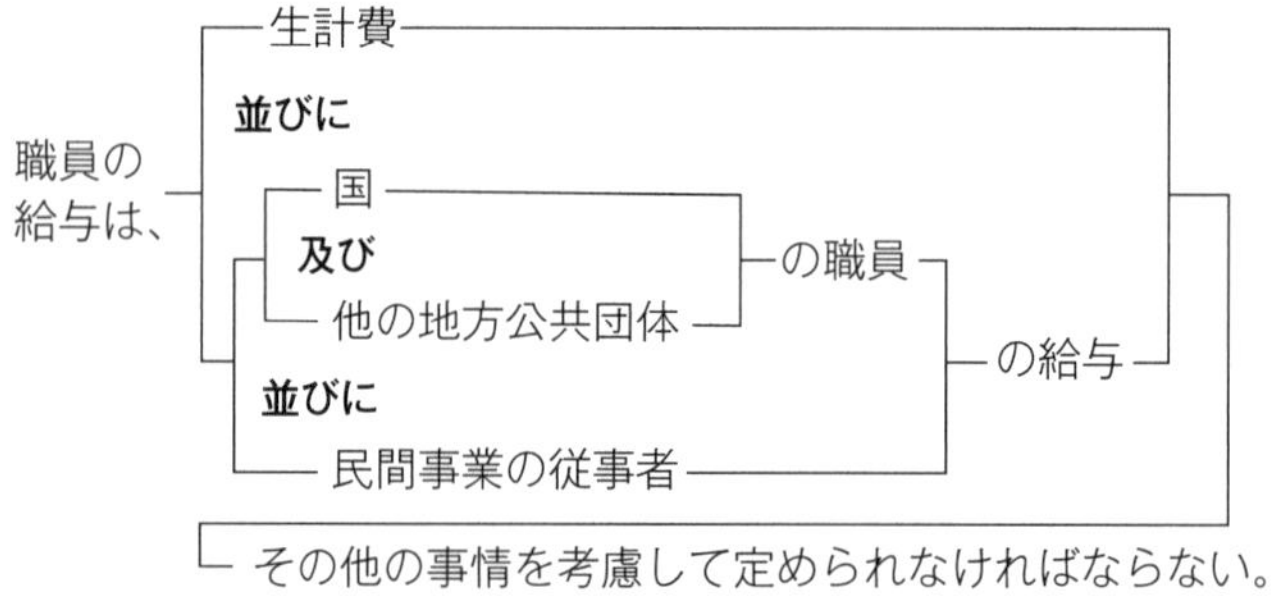
職員の
給与は、
生計費
並びに
国
及び
他の地方公共団体
の職員
並びに
民間事業の従事者
の給与
その他の事情を考慮して定められなければならない。

係」が連結されており、ここが言わば小さな連結のグループであることがわかる。こうして、ここに「及び」が入り、「行政各部を」の前に「並びに」が入ることになる。

四　これが複雑になり、連結するグループが三つ以上ある場合にはどうすればよいか。その場合は、最も小さな連結に「及び」を使い、そしてそれ以外のグループの場合にはそれがいくつあってもすべて「並びに」を使う。

文章自体は短いながらも、わかりにくい条文として、設問〔4〕の地方公務員法二四条二項がある。このような問題の場合、類似の性質を持つ語句が並列関係にあることに注意して、条文を読む必要がある。例えば、冒頭の「生計費」と次の「国」は性質が異なるのに対して（前者はお金、後者は組織）、「国」と「他の地方公共団体」については、いずれも国家機関たる組織であり、同質であるから、この両者がまず並列関係にあることがわかる。このようにして、順次、解読すると、〔図一七－二〕のようになる。

本条の場合、最も小さなグループである「国」と「他の地方公共団体」が「及び」で結ばれ、他のこれより大きいグループの連結にはすべて「並びに」が用いられている。後者の場合、同じ「並びに」でも、よく検討すると、「生計費」の下の「並びに」と「職員」の下の「並びに」とは強弱が違うことがわかる。すなわち、「生計費」は、最も大きなグループを形成し、したがってすぐ下の「並びに」は最も大きなグループの連結に用いられているので、これを一般に「大並びに」と呼び、その他の「並びに」を「小並びに」と呼んでいる。なお、この条文を解読する場合、問題となっている「及び」・「並びに」が使われている箇所に読点「、」がないことも、実は解読のヒントとなっている。すなわち、読点がないがゆえに、三つ以上の語句の併存的連結は起きておらず、二つの語句（要素）の並列関係のみであることがわかるのである（もっとも、このような現象は、動詞が並列関係になるときには当てはまらないのだが。）。

ここでは、二つの点を押さえておく必要がある。第一に、単純な選択のときは「又は」が用いられ、それが「又は」・「若しくは」の使い分けのときは、最も大きな選択のところでその「又は」が使われるのに対して、単純な並列のときには「及び」が用いられ、それが「及び」・「並びに」の使い分けのときは、最も小さな並列のところでその「及び」が使われるという差異がある点である。第二に、「又は」・「若しくは」の場合よりも、「及び」・「並びに」のほうが解読が難しいことである。なぜなら、「又は」・「若しくは」の場合、最も大きなグループの選択でのみ「又は」が用いられるので、条文が長文になっても「又は」の前後で一旦、区切って理解することができ、大まかな内容理解が可能である。それに対して、「及び」・「並びに」の場合、最も小さなグループでの並列でのみ「及び」が用いられるので、「及び」に注目しても、細部しか理解できないこととなる。言い換えれば、「木を見て森を見ず」の状態となりやすい。すなわち、「及び」で連結される複数の語句がわかっても、それは「木」を理解しているにすぎず、当該条文の仕組み全体（つまり「森」）の理解には行き着かないわけである。したがって、「及び」・「並びに」が多用される条文（行政法や社会保障法分野に多い。）の理解には、ある程度の訓練が必要であって、落ち着いて条文の解読をすることを勧めたい。

五　「及び」と「並びに」と使い方の規則は以上の通りであるが、ややこれとは異なる例外的な用法がないわけではない。天皇の国事行為を定めた憲法七条五号がそれである。同条号は、「国務大臣及び法律の定めるその他の官吏の任免並びに全権委任状及び大使及び公使の信任状を認証すること。」と定めている。本条の場合、最も小さいグループは、「国務大臣」と「法律の定めるその他の官吏」、そして「大使」と「公使」であるから、これらをそれぞれ「及び」で結ぶのは当然であるとしても、「全権委任状」の直後の「及び」は最も小さなグループに属するものではないから（全権委任状と信任状が並列関係にある語句と解される。）、原則的な用法に従えば、いわゆる「小並びに」の「並びに」が使われるべきだったとされている。

Let's try

① 民法六二二条、地方自治法二五五条、地方自治法二三一条の三第四項、不動産登記法一四三条一項を、前記のような図にしてみよう。その際、条文上のすべての文字が図の中のどこかできちんと記載されるようにすることに注意してほしい。

② 六法を自由にめくり、「及び」と「並びに」が使われている条文をできる限り多く見つけ、それぞれの意味に注意しながら、条文の文言を前記のような図にしてみよう。

18

「場合」・「とき」・「時」

日常生活では、「場合」と「とき」はいずれも仮定的条件を示す言葉としてほとんど区別されることなく用いられる。また、「とき」と「時」も、必ずしも明確な意識をもって使い分けしているとは限らず、極端な言い方をすれば、その時々の気分にまかせて適宜どちらかを使う場合もなきにしもあらずということがあろう。事実、法令で「時」という文字に遭遇しても、それはたまたま「とき」を漢字に表記したにすぎないと思う者もいるかもしれない。

しかし、法令用語としてはこれらの言葉はそれぞれ厳格な使い分けがあるのである。解説をする前に、次の条文を利用した設問を考えてみよう。

次の条文の空欄に「場合」、「とき」若しくは「ときは」又は「時」を入れなさい。
〔1〕憲法五四条一項「衆議院が解散された（　　）、解散の日から四十日以内に、衆議院議員の総選挙を行ひ、その選挙の日から三十日以内に、国会を召集しなければならない。」
〔2〕憲法七〇条「内閣総理大臣が欠けた（　　）、又は衆議院議員総選挙の後に初めて国会の召集があつた（　　）、内閣は、総辞職をしなければならない。」
〔3〕民法三二条の二「数人の者が死亡した（　　）において、そのうちの一人が他の者の死亡後になお生存していたことが明らかでない（　　）、これらの者は、同時に死亡したものと推定する。」
〔4〕憲法三九条前段「何人も、実行の（　　）に適法であつた行為又は既に無罪とされた行為については、刑事上の責任を問はれない。又、同一の犯罪について、重ねて刑事上の責任を問はれない。」

一　「場合」も「とき」も仮定的条件を示す言葉であることから、どちらも似たような意味で用いられており、条文の語感によって「場合」が用いられたり、「とき」が用いられたりしているようである。例えば、次の四例は、仮に「場合には」と「ときは」を交換して用いても、条文の意味に差異が生じることはないと考えられる。条文の内容や前後の関係から、後記のような表現が採用されたのではないかと考えられる。

民法七九〇条一項「嫡出である子は、父母の氏を称する。ただし、**子の出生前に父母が離婚したときは**、離婚の際における父母の氏を称する。」

民法八一九条三項「**子の出生前に父母が離婚した場合には**、親権は、母が行う。ただし、子の出生後に、父母の協議で、父を親権者と定めることができる。」

民法九二三条「**相続人が数人あるときは**、限定承認は、共同相続人の全員が共同してのみこれをすることができる。」

民法一〇四二条二項「**相続人が数人ある場合には**、前項各号に定める割合は、これらに第九百条及び第九百一条の規定により算定したその各自の相続分を乗じた割合とする。」

設問〔1〕の憲法五四条及び設問〔2〕の憲法七〇条の場合は、いずれも「とき」又は「ときは」が用いられている。条文の中では、一般的に「場合」よりも「とき」のほうが多く使用されているようである。ただ、号を導くための柱書の中では「次に掲げる場合に」と、「場合」

が用いられている（以下で述べる「場合」と「とき」の重畳使用のときを除く。）。
二　「とき」と「ときは」の違いは、「とき」に導かれる条件が「又は」とか「及び」といった接続詞で連結された場合において、最も後の条件に「ときは」が用いられる。右に掲げた〔2〕の憲法七〇条がその具体例の一つである。条件が一つである場合は、常に「ときは」が用いられる。地方自治法一五二条一項前段及び同条二項と、同条一項後段を比較してほしい。

三　仮定的条件を二つ重ねる必要が生じた場合、「……した場合において、……する場合」とか、「……したときにおいて、……するとき」という表現は用いられず、必ず「場合」と「とき」とを併用して表現する。その場合、両者を混用してはならない。大きな条件のほうに「場合」を用い、小さな条件には「とき」を用いることになっている。言い換えれば、第一条件、第二条件の関係にある場合、ということになる。設問〔3〕が好個の例である。この使用法は条文上で頻繁に登場する。一つの決まり文句（定型表現）として覚え、自らの文章作成時にも用いてほしい。

〔図18－1〕

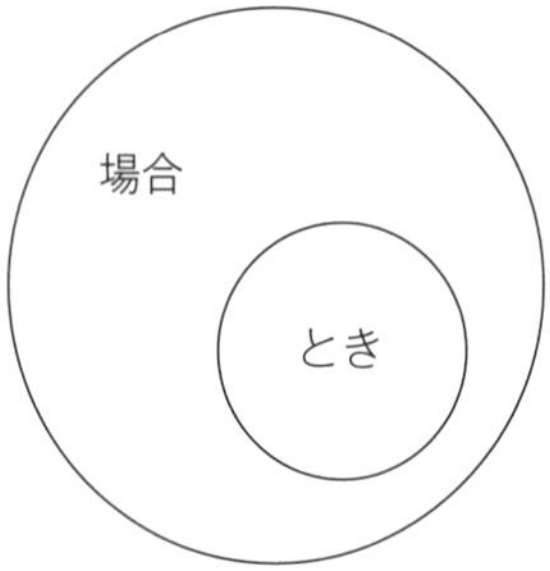

四　「時」は、仮定的条件を示す場合に決して使用されることはない。「時」は、ある時点という限定された時間

が問題で、それを明確に特定させる必要があるときに使われる。設問〔4〕の遡及処罰の禁止を定める憲法三九条前段の「実行の時」は、その適例の一つと言えよう。また、失踪宣告について定める民法三〇条から三二条や行政事件訴訟法一五条三項をよく読んで、「時」と「とき」の区別を習得してほしい。「とき」が使われているのは、「場合」に置き換えることができる場合なのである。

五　最後に、「場合」と「とき」と「時」が一つの条文の中で用いられている例を一つ紹介する。この条文の使用例から、「場合」、「とき」、「時」の法令用語の使い方を確認してみよう。

民法八三二条二項「子がまだ成年に達しない間に管理権が消滅した場合において子に法定代理人がないときは、前項の期間は、その子が成年に達し、又は後任の法定代理人が就職した時から起算する。」

Let's try

右記のように、「場合」、「とき」、「時」の三者がそれぞれ異なる意味で一文の中で用いられている条文を探してみよう。

19 「者」・「物」・「もの」

法令用語としての「者」・「物」・「もの」の用法は、日常用語の用法とはかなり異なる。国語辞典を繙いてみると、「者」については①人、②事とあり、「物」については①広義には一般に何らかの存在（有）、何らかの対象、判断の主語となる一切のもの、狭義には外界に在り、吾人の感覚によって知覚し得る事物、②民法上、有体物、③対象を直接指さず、漠然と一般的なものとして捉えて表現するに用いる、④普通、当然、⑤おおよそ、ほぼといった意味が付されている。そして、『広辞苑』（岩波書店）では、「もの」について、独立した用語として掲げられておらず、「もの〔者〕」、「もの〔物〕」という表示の下で右記のような説明が加えられている。

法令用語としての「者」・「物」・「もの」の用法を解説する前に、次の設問を考えてみることにしよう。

次の文章の中で誤りのあるものがあれば、それを正しなさい。

〔1〕「者」は、法律上、権利能力を持つ者、すなわち権利義務の主体のことであるから、学校のＰＴＡや同窓会も法律上、「者」である。

〔2〕民法上、「物」は有体物と無体物に分けられ、権利などは無体物とされている。

〔3〕独占禁止法八九条一項柱書「次の各号のいずれかに該当するものは、五年以下の懲役又は五百万円以下の罰金に処する。」に定められている「もの」とは、自然人と法人のすべてをいう。

〔4〕民法七〇五条「債務の弁済として給付をした者は、その時において債務の存在しないことを知っていたときは、その給付したものの返還を請求することができない。」に定められている「もの」とは、有体物という意味でないために、「もの」という言葉が用いられている。

〔5〕軽犯罪法一条四号「生計の途がないのに、働く能力がありながら職業に就く意思を有せず、且つ、一定の住居を持たない者で諸方をうろついたもの」に定められている「もの」とは、定職及び一定の住居を持たないということを明示するために使われている。

〔6〕刑法二四二条「自己の財物であっても、他人が占有し、又は公務所の命令により他人が看守するものであるときは、この章の罪については、他人の財物とみなす。」に定められている「もの」とは、自己の財物であっても、他人の占有又は看守の下にあるがゆえに、

その事実を明示するために使われている。

一　法律上、権利義務の主体となることができる地位のことを権利能力とか法人格という。権利能力を持っているのは、私たちのように肉体を持つ自然人と、国・都道府県・会社・学校・労働組合などのような法人の二つに分かれる。しかし、一定の目的の下に結合した団体であっても、直ちに法人になり得るのではなく、営利を目的としないで結合した団体とか、公益を目的としないで結合した団体の場合、例えば学校のＰＴＡや同窓会とか社交クラブなどは（結成しただけでは）権利能力を有する法人にはなれない。

したがって、「者」とは権利能力を持つ者（人格）、すなわち権利義務の主体のことであるので、学校のＰＴＡとか同窓会は法律上「者」とは言えないことになる。それゆえ、「精神上の障害により事理を弁識する能力を欠く常況にある**者**については」（民法七条）、「外国において確定裁判を受けた**者**であっても」（刑法五条本文）、「この法律において『補助事業者等』とは、補助事業等を行う**者**をいう。」（補助金等に係る予算の執行の適正化に関する法律二条三項）といった表現は、ＰＴＡとか同窓会、あるいは社交クラブの場合には用いることができないことになる。

ただ、事柄の性質上、法人が想定されていない場合の「者」は自然人のみの意味となる点に注意が必要である。

二 「物」とは、私法上、権利の主体たる「人」に対して、権利の客体のうち有体物をいう。明治二三年（一八九〇年）公布の旧民法（この民法は、明治二六年から施行されることになっていたが、強固な反対論が起こり、いわゆる法典編纂論争が熾烈な展開を見せることになり、遂に延期派の勝利に終わった。そこで、新しい法典編纂が着手されることとなり、その結果、明治二九年四月に総則・物権・債権の三編が、親族・相続の二編が同三一年六月に公布、そして同三一年七月に施行されるに至った。）財産編六条は、次のように物を有体物と無体物に分け、物権や債権及び著作権などの権利を無体物としていた。

第六條　物ニ有體ナル有リ無體ナル有リ
有體物トハ人ノ感官ニ觸ルルモノヲ謂フ即チ地所、建物、動物、器具ノ如シ
無體物トハ智能ノミヲ以テ理會スルモノヲ謂フ即チ左ノ如シ
第一　物權及ヒ人權〔人権とは、すなわち債権をいう＝筆者注〕
第二　著述者、技術者及ヒ發明者ノ權利
第三　解散シタル會社又ハ清算中ナル共通ニ屬スル財産及ヒ債務ノ包括

これに対して、現行民法八五条は「この法律において「物」とは、有体物をいう。」と規定するにとどめ、「物」を有体物（空間の一部を占めている有形的存在）に限定している。したがって、民法八五条を文字通り読む限り、電気・熱・電波とか精神的創造物などの、いわゆる無体物は、民法上の「物」に含まれないことになる。しかし、このような「物」概念の狭い捉え方では現代社会の経済事情に合わないとして、有体物を法律上、排他的支配の可能なものという意義に解し、「物」の概念を拡げるべきであるとする学説が少なくない。

三　設問〔3〕及びこれから述べる設問〔4〕・〔5〕・〔6〕では、いずれも漢字ではなく、仮名の「もの」が使われているが、「物」か、それとも「もの」（古くは、「モノ」）かについても法律の上では日常用語とは異なる厳格な使い方がなされている。

その第一は、行為等の主体に関連して「もの」が使われる場合である。その場合、自然人、法人のほかに、人格のない団体等が含まれているとき、又はそれが人格を有しないときは「もの」という言葉が使われる。設問〔3〕の独占禁止法八九条一項柱書及び二号は、その適例の一つである（二号で自然人・法人以外のものも処罰対象としているから。）。

四　第二は、行為等の客体に関連して「もの」（「モノ」）が使われる場合である。行為等の客体が有体物でないとき、又は有体物のみでないとき、すなわち有体物と有体物でないものの両方を意味するときは、「もの」が使われる。

設問〔4〕のいわゆる非債弁済（債務がないのに弁済として給付することをいう。）を規定した民法七〇五条に定める「もの」は、有体物でないものに限らず、有体物と有体物でないものの両方を意味しているのであって、それゆえに「もの」が使われているのである。

五　第三は、「者」又は「物」について、さらにある種の限定を加える必要がある場合、「もの」（「モノ」）が使われる。したがって、設問〔5〕の「もの」は、「生計の途がないのに、働く能力がありながら職業に就く意思を有せず、且つ、一定の住居を持たない者」に対して、さらに「諸方をうろついた」という限定を加えるために「もの」が使われている。この場合の「もの」は、内容の説明をさらに詳しくする目的を持つものであって、いわば外国語の関係代名詞に相当するものと言われている。別の言い方をすれば、第一条件に当てはまるものの中でさらに第二条件にも当てはまるものを示しているのが「もの」で示される。地方自治法一八条の「日本国民たる年齢満十八年以上の**者**で引き続き三箇月以上市町村の区域内に住所を有する**もの**」もその典型的事例の一つである（同法一九条一項も類似。）。

〔図19－1〕

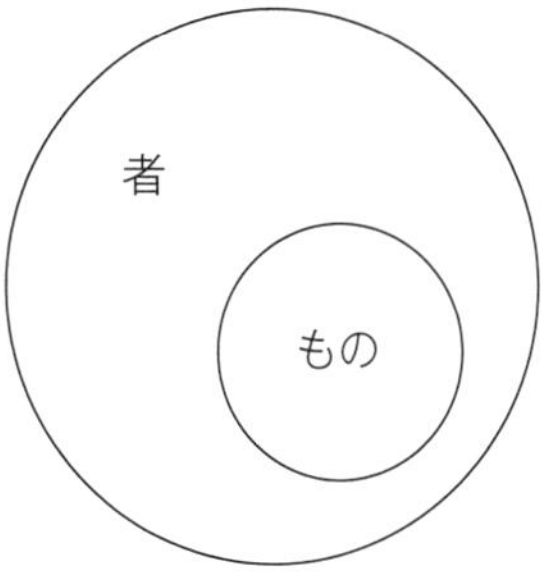

なお、軽犯罪法一条は、四号のみ末尾の語が「もの」な

のであって、こうしたことも、条文を読むときに、すぐに気付くように心掛けたい。

そして、設問〔6〕の刑法二四二条の「もの」は、「自己の財物」に対して「他人が占有し、又は……他人が看守する」という限定を加えるために「もの」が使われているのであるから、設問〔6〕は正しいということになる。覚醒剤取締法二条一項二号の「もの」についても、すでに容易に理解できるであろう。

Let's try

① 労働者派遣法六条のすべての号につき、末尾の語句がどうなっているか確認し、その理由を考えよう。

② 右記のように、一つの文の中で「者」と「もの」が同時に使われている条文、そして、一つの文の中で「物」と「もの」が同時に使われている条文をできる限り多く見つけ、それぞれ、どのような限定を定めようとしているのか（第一条件と第二条件の内容は何か）を考えよう。

20 「以上」・「超える」と「以下」・「未満」

ある数量を基準として、その基準より数量が多いとか少ないということを表現する法令用語として、「以上」と「超える」、「以下」と「未満」（満たない）という用語がある。これらの用語も、日常用語ではあまり区別されることなく使われる場合が多い。事実、例えば、映画館のチケット売場で「十八歳以下の方の入場お断り」と書かれている場合と、他方、「十八歳未満の方の入場お断り」と書かれている場合とで、その相違をどこまで意識されているであろうか。

時代は古く遡るが、江戸幕府八代将軍吉宗の命令によって制定された『公事方御定書』の「欠落奉公人御仕置之事」（本間修平『日本法制史』（一九九一年）二七四頁所収の史料『公事方御定書』に依る。）に次のような規定がある。

一　使に為持遣候品取逃いたし候もの

金子は一両より以上雑物は代金に積一両位より以上は

死罪

金子は一両より以下雑物は代金に積一両位より以下は
入　墨　敲
但先入牢申付取迯之品償候におゐては一両以上以下とも主人願之通助命申付江戸に不罷在
候様に可申渡事

すなわち、奉公人が主人の用命を果たすための金子又は品物を所持したまま逃亡して行方をくらました場合において、金子が一両以上のときは死罪、一両以下のときは入墨の上、敲《たた》かれることになっている。それでは、ちょうど一両はどちらに入るのであろうか。死罪になるか、それとも入墨の刑になるか、生命にかかわる問題であるだけに、事は極めて重大である。本間教授によれば、この場合の一両は、現代の用語法でいう一両以上に入るものとして取り扱うのが幕府法の原則であった。

現代の法令用語では、こうした問題を回避するためにこれらの用語の使い方を厳格に区別している。これらの用語法を解説する前に、まず次の設問を考えてみることにしよう。

次の文章の中で誤りのあるものがあれば、それを正しなさい。

〔1〕法令で年齢を表現するときに、「何歳以上」とか「何歳未満」とすることがあっても、「何歳以下」とすることがないのは、「未満」と「以下」が同じであるからである。
〔2〕労働基準法三四条一項によれば、使用者は、労働時間が六時間を超える場合には、少なくとも四五分、八時間を超える場合には、少なくとも一時間の休憩時間を労働時間の途中に与えなければならないから、一日八時間労働の場合には、少なくとも一時間の休憩時間を労働時間の途中に与えなければならない。
〔3〕利息制限法一条二号によれば、金銭を目的とする消費貸借における利息の契約は、その利息について元本が十万円以上百万円未満の場合につき年一割八分の利率で計算した金額を超えるときは、その超過部分について無効としているから、元本が百万円の場合には、年一割八分の利率により計算することになる。

一　「未満」とは、文字通り「未だ満たず」であるから、当該の数量がその基準となる数に達していない場合に用いられる。これに対して、「以下」は、文字通り「以て《もっ》下がる」であるから、基準となる数量を含めてそれより少ない場合に用いられる。したがって、「十八歳以下の方の入場お断り」とある場合は、その基準となっている一八歳の者を含めてそれ以下の者すべてが対象となっているが、「十八歳未満の方の入場お断り」とある場合は、一八歳の者は含まれず、一八歳に達しない者がすべて対象となることになる。

他方、「以上」と「超える」の場合、「以上」は「以下」に対応して基準となる数量を含めてそれより多いことであり、これに対して「超える」は、基準となる数字を含まず、これを除いて多い場合に用いられる。したがって、労基法三四条一項の「六時間を超える」も「八時間を超える」もそれぞれ基準となっている六時間及び八時間は含まれないことになる。もし六時間なり八時間を含めなければならないとするときは、それぞれ「六時間以上」、「八時間以上」と表現しなければならない。

二 以上が数量の多寡を表現する場合の原則的用語法であるが、年齢の場合に「以上」を使うことはあっても、「以下」を使うことはまずないと言ってよい。

例えば、「二十歳以上」の場合、その基準となっている年数を含めてそれより上のことであるから、二十歳になった日以後のことということになる。地方自治法一八条は普通地方公共団体の議会の議員及び長の選挙権について「日本国民たる年齢満十八年以上の者で引き続き三箇月以上市町村の区域内に住所を有するもの」と定め、普通地方公共団体の議会の議員の被選挙権については同法一九条一項で「普通地方公共団体の議会の議員の選挙権を有する者で年齢満二十五年以上のもの」、また都道府県知事の被選挙権について同条二項で「日本国民で年齢満三十年以上のもの」と定めている。また、労働基準法六四条の二第二号には「満十八歳以上の女性」との表現が見られる。

他方、年齢がある年数を基準として少ないという場合、例えば少年法二条一項のように「この法律において「少年」とは、二十歳に満たない者をいう。」と定められているように、「満たない者」とか、児童福祉法四条一項三号のように「満十八歳に達するまでの者」といった用語が使われる。また、かつての未成年者飲酒禁止法が成年年齢引下げの際に題名変更がなされて、「二十歳未満ノ者ノ飲酒ノ禁止ニ関スル法律」となっている。

それでは、何故に「十八歳以下」とか「二十歳以下」という用語が避けられねばならないのであろうか。それは、例えば「一メートル以下」とあれば、一メートルを一センチでも一ミリでも超えれば、「一メートル以下」という用語は使われないが、それが「十八歳以下」となると、十八歳になる日までのことなのか、それとも十九歳になる日の前日までのことか判然としないからである。

三　「以上」も「以下」も、その基準となる数量が含まれることになるから、その基準となる数量が重複することになる。したがって、「二十歳に満たない者」と「二十歳以上の者」とを並べて使う必要が生じる。冒頭に掲げた『公事方御定書』の「欠落奉公人御仕置之事」の規定に見られる「一両より以上死罪」、「一両より以下入墨敲」といった用語法は、現行法では使われていない。

四　以上の説明からも明らかなように、設問〔2〕の場合、労働時間が「八時間を超える」というのは、基準となる八時間ちょうどは含まれないから、少なくとも四五分の休憩時間を労働時間の途中に与えれば足りるということになる。しかし、現実には、事業場では八時間労働の場合について正午から一時までの一時間の休憩時間を付与するのが労働慣行となっている。これは、「超える」という用語の解釈からすれば、最低労働条件基準を上回る休憩時間を付与していることになる。

五　設問〔3〕の利息制限法一条二号で定める「元本の額が十万円以上百万円未満の場合」の利率「年一割八分」について、元本が百万円ちょうどの場合は「百万円未満」に含まれないから、「年一割八分」の利率計算の対象となり得ない。この場合は、「元本の額が百万円以上の場合」であるから、「年一割五分」の利率が適用されることになる（同条三号）。

Let's try

「以上」・「超える」・「以下」・「未満」の区別といったテーマについて、諸外国ではどのように考えられているか、また各言語で用語として使い分けがなされているか、調べてみよう。

21 「以後」・「後」と「以前」・「前」、「以外」

「以後」及び「後」は、いずれも一定の時点を基準にして、それより後への時間の間隔又は連続を意味する場合に、同様に「以前」及び「前」はいずれも、一定の時点を基準にして、それより前への時間の間隔又は連続を意味する場合に用いられる。まず、次の設問を考えることから始めよう。

次の文章の中で誤りのあるものがあれば、それを正しなさい。

〔1〕民法七七二条二項は、「婚姻の成立の日から二百日を経過した後又は婚姻の解消若しくは取消しの日から三百日以内に生まれた子は、婚姻中に懐胎したものと推定する。」と規定しているから、二百日に生まれた子も当然にこの推定を受けることになる。

〔2〕地方自治法一四五条本文は、「普通地方公共団体の長は、退職しようとするときは、その退職しようとする日前、都道府県知事にあつては三十日、市町村長にあつては二十日までに、当該普通地方公共団体の議会の議長に申し出なければならない。」と規定している

から、退職の日とその申出の日との間には、都道府県知事の場合には少なくとも三十日、市町村長の場合には少なくとも二十日をおかなければならない。
〔3〕法律の施行時期を表現するときに、「この法律の施行前」とすることはあっても、「この法律の施行以前」とすることがないのは、この両者の意味が同じであるからである。

一　「四月一日以後」と言えば、20で述べた「以上」・「以下」の場合と同じように、起算点となる四月一日を含んで、それより後の時間の間隔又は連続を意味することになる。これに対し、「四月一日後」と言えば、四月一日を含まず、それより後の時間の間隔又は連続を意味することになる。したがって、「四月一日後」と言えば、「四月二日以後」ということになる。

設問〔1〕に関して、民法七七二条二項に定める嫡出の推定を受けるためには、「婚姻の成立の日から二百日を経過した後」とあるから、民法一四〇条に定める初日不算入の原則に従い、婚姻成立の日の翌日を第一日として数え、二百一日目以後に生まれた子であって、二百日目以内に生まれた子は、この推定を受けないことになる。

二　「四月一日以前」と言えば、その起算日となる四月一日を含んで、それより前の時間の間隔又は連続を意味することになる。これに対して、「四月一日前」と言えば、四月一日を含まず、前の月の三月三一日より前の時間の間隔又は連続を意味することになる。したがって、「四月一日前」と言えば、「三月三一日以前」ということになる。

「以前」なのか「前」なのかによって法律効果が変わることも多いので、注意が必要である。例えば、「被相続人の子が、相続開始以前に死亡したとき」などに代襲相続が起こるが（民法八八七条二項）、「以前」となっているため、同時死亡の場合（民法三二条の二）も含まれることになる。他方、公職選挙法三一条一項では、「議員の任期が終る日」は含まれないということになる。

設問〔2〕に関して、地方自治法一四五条（同様の規定が一六五条にもある。）の「退職しようとする日前、三十日までに」とは、退職しようとする日を起算日とするのではなく、その日の前日を起算日とすることになる。すなわち、前日を第一日とし、この日から逆算して三十日目までに退職を申し出なければならないということになる。

なお、「以降」、「以内」という言葉も登場するので、注意が必要である（例えば、公職選挙法三一条から三三条参照）。

三　法の適用に関する通則法二条は、「法律は、公布の日から起算して二十日を経過した日から施行する。」を原則とし（本文）、その例外則として「ただし、法律でこれと異なる施行期日を定めたときは、その定めによる。」と定めている（ただし書）。この場合に、法令では、先に述べた「十八歳以下」とか「二十歳以下」といった表現が使われないのと同じように、「この法律の施行以前」という表現も使われないことに注意しておく必要がある。

例えば、平成七年五月の改正刑法附則二条一項本文は、「この**法律の施行前**にした行為の処罰並びに施行前に確定した裁判の効力及びその執行については、なお従前の例による。」と定めている。同様に、同条二項にも「併合罪として処断すべき罪にこの**法律の施行前**に犯したものと**施行後**に犯したものがあるときは、」という表現が見られる。このような「この法律の施行前」といった表現は、法律の附則の経過措置などの規定にしばしば用いられているものである。

この場合、「この法律の施行前」と言えば、その法律の施行日を起算点として、その施行日を含まずにそれより前ということであるから、その意味するところは明確である。これに対して、「この法律の施行以前」と言うと、その施行日を含んでそれより前ということになるから、「施行日前」と「施行日」の両者を含むことになり、法律的にその意味するところが曖昧となり、誤解を招来しかねないばかりか、場合によっては国民の人権尊重と擁護の上から重大な侵害を生ぜしめることになる。それゆえに、「この法律の施行以前」といった、明確性を欠く表現は、厳密な正確性が要求される法令の用語としては適当でないとの理由から、使用されないことになっている。

四　これらの用語と関連して、「以外」についても理解しておきたい。民法一六三条には、「所有権以外の財産権」と書かれている。これは、財産権のうち所有権を除いた他のすべての財産権を意味し、所有権は含まれない。所有権の取得時効については、その前条たる一六二条で規律されているのである。「以上」・「以下」のように、「以」という文字が付けばそこで言われている事項が含まれるわけであるが、「以外」の場合には、そこで言われている事項を外すことになるので、結果的に、「以外」の場合にはそこで言われている事項が含まれないという（言わば逆の）結論となる。そこで言われている事項を含んだまま（「以」という文字の効果）、「外」で外すから、と考えられる。それに対し、民法七四二条一号には、「人違いその他の事由」と書かれているが、これは、人違いを含んで婚姻をする意思がないすべての場合と考えられる。

Let's try

遺贈の効力に関する民法九九四条一項をよく読んで、同時死亡が推定される場合に遺贈の効力はどうなるかについて説明しよう。

22 「その他の」と「その他」

地方自治法一三八条八項は、「事務局長、書記長、書記その他の職員に関する任用、人事評価、給与、勤務時間その他の勤務条件、分限及び懲戒、服務、退職管理、研修、福祉及び利益の保護その他身分取扱いに関しては、この法律に定めるものを除くほか、地方公務員法の定めるところによる。」と定めている。本条において「その他の」と「その他」という二つの表現が見られるが、この両者は同じ意味で使われているのか、それとも異なる意味で使われているのかが問題となる。

「その他の」と「その他」は、一見しただけでは「の」のあるなしの違いでしかなく、事実、日常用語で使われる場合は、この両者はほとんど区別されずに用いられているであろう。しかし、この両者が法令用語として用いられるときは、明確に異なった意味を持つ言葉として用いられている。

まず従前の例に従って、次の設問を考えながら、この二つの用語の相違についての理解を深めていくことにしよう。

問題（一）　憲法六三条は、「内閣総理大臣その他の国務大臣は、両議院の一に議席を有すると有しないとにかかはらず、何時でも議案について発言するため議院に出席することができる。」と規定している。この条文を読んで、次の設問の文章の中で正しいものはどれか。
〔1〕本条に定める「国務大臣」は、「内閣総理大臣」を含んだ広い概念であり、「内閣総理大臣」は「国務大臣」の例示として用いられている。
〔2〕本条に定める「国務大臣」は、「内閣総理大臣」とは別個のもので、両者は完全に並列の関係にある。
〔3〕本条に定める「国務大臣」は、「内閣総理大臣」とは別個のものであって、その例示として用いられている。
問題（二）　例えば、法律で「職員に対しては、通勤手当その他の条例で定める手当を支給する。」と規定されている場合について、次の文章の中で正しいものはどれか。
〔1〕「通勤手当」を支給するためには、条例であらためて「通勤手当」を規定する必要がある。
〔2〕「通勤手当」を支給するためには、条例であらためて「通勤手当」を規定する必要はない。

一　問題（一）の「内閣総理大臣その他の国務大臣」という表現で使われている「その他の」というのは、「国務大臣」という全体の中の一部分を構成するものとして「内閣総理大臣」

が位置づけられ、いわば「内閣総理大臣」は「国務大臣」の例示として用いられている。

したがって、地方自治法一三八条八項冒頭の「事務局長、書記長、書記その他の職員」というのは、「事務局長」、「書記長」、「書記」はいずれも「職員」という、いわば全体を意味する言葉の一部として、その中に包含されるものとして使われている。その意味で、事務局長・書記長・書記はここでは「職員」の例示として使われているということになる。

二　これに対して、「その他」が使われるのは、結びつけられる用語が全体と部分の関係ではなく、別個独立の関係にあって、いわば並列的な関係にあることを示す場合に用いられる。例えば、地方自治法二〇三条の二第一項は「普通地方公共団体は、その委員会の非常勤の委員、非常勤の監査委員、自治紛争処理委員、審査会、審議会及び調査会等の委員その他の構成員、専門委員、監査専門委員、投票管理者、開票管理者、選挙長、投票立会人、開票立会人及び選挙立会人その他普通地方公共団体の非常勤の職員（略）に対し、報酬を支給しなければならない。」と定めている。その条文中の「その他普通地方公共団体の非常勤の職員」というのは、その前に列記されているさまざまな委員らとは別個のもので、完全に並列、対等の関係にあるものと理解できよう。

それゆえ、「その他」の場合、法令上の表現としてこの「その他」の次に「これ（これら）に準ずる……」、「これ（これら）に類する……」、「法令で定める……」という文言が置かれることが多い。労働組合法三条の「賃金、給料その他**これに準ずる**収入」、地方自治法二三八条一項四号の「地上権、地役権、鉱業権その他**これらに準ずる**権利」、民法二二五条二項の「板塀又は竹垣その他**これらに類する**材料のもの」、都市計画法四条一四項の「道路、公園その他**政令で定める**公共の用に供する施設」などをその例として挙げることができよう。

三　「その他の」と「その他」の相違は、この両者が命令委任と結びつけられた場合に明白に現われる。問題（二）の「通勤手当その他の条例で定める手当を支給する」の場合、「通勤手当」は「条例で定める手当」の一部を構成するものとして、いわば例示的に表現されているのであるから、条例段階ではいまだ何も確定していないのであり、したがって「通勤手当」を支給するためには、「通勤手当」をあらためて条例で規定しなければならなくなる。

これに対して、「通勤手当その他条例で定める手当」とある場合には、「通勤手当」と「条例で定める手当」とは別個独立して、並列の関係にあるのであるから、条例にはもはや「通勤手当」を支給する旨の規定を置く必要はなく、「通勤手当」以外の手当を支給する旨を規定すればいいということになる。

四　このように、「その他の」と「その他」は、法令上意識して使い分けられているが、文章の前後の語呂とか語感の関係から、時には「その他の」と表現すべきところを「その他」という表現を用いている例がないわけでもない。例えば、憲法二一条一項の「集会、結社及び言論、出版**その他**一切の表現の自由は、これを保障する。」という規定の仕方も、その例外的な表現の一つである。言論も出版も、表現の自由の一内容であって、この両者が別個独立の並列関係にあるとは考えられ得ないわけであるから、ここでは「その他の」という表現を用いるのが用語法の原則に忠実であるはずである。しかし、原則に従って「言論、出版**その他の**一切の表現の自由は、……」とすると、「の」があまりにも続きすぎて、語呂がよくないということから、「その他の」の「の」が省略されたものと解することができよう。

また、労働基準法一一条に定める、「この法律で賃金とは、賃金、給料、手当、賞与**その他**名称の如何を問わず、労働の対償として使用者が労働者に支払うすべてのものをいう。」という規定についても、同様のことが言える。この規定で用いられている「賃金、給料、手当、賞与」と「労働の対償として使用者が労働者に支払うすべてのもの」とは並列、対等の関係にあるのではなく、前者は後者に包含される部分と全体の関係にあることは明らかである。それゆえ、この用法の原則に従えば、ここで用いられている「その他」は「その他の」でなければならないはずである。しかし、「……**その他の**名称の如何に問わず」では文章の語感があまりよくないという印象を与える。立法者は、そうした文章の流れと語感の響きを考慮して「の」を省略したものと推測することもできよう。

Let's try

「その他の」と「その他」が使われている条文をできる限り多く見つけ、それぞれの意味を考えてみよう。

23 「みなす」と「推定する」

事実を認定することは、法の解釈の前提として極めて重要な作業であり、事実非常に困難を伴なう作業でもある。事実の認定にあたり、時として事実関係を推測して取扱い方を決める場合がある。そのような場合の用語として、「みなす（見做す、看做す）」と「推定する」がある。「みなす」と「推定する」は、日常生活ではほとんど類似の意味を持つ言葉として用いられる。いま、『広辞苑』（岩波書店）を繙いてみると、一般の日常的意味として「みなす」には「見てそれと仮に定める」、「推定する」には「推測して決定すること。おしはかってきめること」とある。これでは、この両者の言葉の意味の相違は明確にはならない。

このように、「みなす」も「推定する」も、日常用語ではまったく同じものではないにしても、極めて類似した親縁関係にある言葉として用いられている。しかし、法令用語として使うときは、この二つの言葉の間には法律上の効果に重大な影響を与える大きな相違がある。

例えば、民法七七二条一項は「妻が婚姻中に懐胎した子は、夫の子と**推定する。**」と規定している。もし本条が「妻が婚姻中に懐胎した子は、夫の子と**みなす。**」とあるとしたならば、どうなるであろうか。昔から「町内で知らぬは亭主ばかりなり」という言葉があるが、世の亭主なる者は、それこそ大恐慌を来すことになろう。

「みなす」と「推定する」の用語法について、次の設問を考えながら理解を深めることにしよう。


次の文章の中に誤りのあるものがあれば、それを正しなさい。
〔1〕民法三一条によれば、前条一項の規定により失踪宣告を受けた者は、七年の期間の「満了した時に、……死亡したものとみなす。」とされているが、その者の生存が客観的に証明されれば、その時点で生きているものとして取り扱われる。
〔2〕民法一三六条一項は、「期限は、債務者の利益のために定めたものと推定する。」と定めている。それゆえ、債務支払いについての割賦払い契約において債務者が割賦払いの約束に従い分割払いしている場合でも、あるいはまたなんらかの事由により分割払いができなくなった場合でも、期限の利益は債務者にある。

一　法令用語としての「みなす」は、元来性質を異にするAとBを一定の法律関係で同一のものとして取り扱い、後で当事者が「いや、それは違う。真実はこの事実であり、現にその証拠としてこれがある」と反対の証拠を挙げて主張しても、その真実の事実を覆すことはできないというような場合に使われる。

設問〔1〕の場合、七年の期間の「満了した時に、……死亡したものとみなす」とあるので、失踪宣告を受けた者は期間満了の時に完全に死亡したものとして取り扱われる。しかし、その後その者の生存が客観的に証明されても、そのことだけでは生きているものとして取り扱われることはない。その場合、失踪宣告を受けた者が生存者であることを認めてもらうためには、本人又は利害関係人の請求に基づき家庭裁判所による失踪宣告の取消しが必要となる（民法三二条）。

二　これに対して、「推定する」は、法律上この事実は一応このように取り扱うが、それが真実の事実と異なる場合には、反対の証拠を挙げてこれを覆すことができるという場合に使われる。したがって、設問〔2〕の場合、確かに民法一三六条一項により期限は債務者の利益のためにあるものと見ることができるが、当事者がこれと異なる反証、すなわち①債務者が破産宣告を受けた、②債務者が担保を毀滅又は減少した、③債務者が担保を供する義務を負いながら、それを供しないなどの事由についての証拠を挙げて反証し、それが認められれば（民法一三七条）、その効果を覆すことができる。

それゆえ、民法七七二条一項が「妻が婚姻中に懐胎した子は、夫の子と推定する。」と定めているのは、近年の性倫理の空洞化の時代風潮の中にあっては夫たる者にとって安堵の胸を撫ぜおろすものと言わねばならない。なぜなら、本条の「推定する」が「みなす」とされていたならば、婚姻中の妻が懐胎しても、夫がその時期に外国出張中で、妻の妊娠の原因となる性的交接を行ない得る状況ではなかったことを証拠を挙げて主張しても、有無を言わせず、その夫の子とされてしまうことになるからである。本条が「推定する」と規定してくれているお陰で、嫡出性が推定された子であっても、夫は反証を挙げて「自分の嫡出子でない」と、その子またはその子の親権を行使する母を相手どって嫡出否認の訴えを起こすことができるのである（民法七七四条以下）。そして、その点についての夫の立証が功を奏すれば、推定されていた子の嫡出性は覆されることになる。

三　しかし、法律の規定の上で「みなす」とあっても、法解釈上、時として「推定する」意味で解されるべき場合がある。例えば、手形法一六条一項一段の「為替手形ノ占有者ガ裏書ノ連続ニ依リ其ノ権利ヲ証明スルトキハ之ヲ適法ノ所持人ト看做ス」における「看做ス」がその典型的事例である。

本条の「看做ス」は、学説も判例も（最判昭和三六年一一月二四日民集一五巻一〇号二五一九頁）ともに「推定する」の意味で解すべきであるとしている。すなわち、手形の振出人は、形式的に連続している裏書のある手形の所持人に対して、その所持人が真実の権利者でないことを証明すれば、その権利行使を拒むことはできる。しかし、所持人の悪意・重過失についての挙証がなされ得ない限り、所持人は実質的権利者と認められる。ここにおいては、流通証券である手形について、その流通の過程における権利帰属の理由づけの経過を逐一、所持人が主張しなければならないとするのは、手形の性質上適当でないとする配慮が働いていると言えよう。

ちなみに、わが国の現行手形法が一九三四年のジュネーブ統一手形条約に基づいて制定された（昭和九（一九三四）年九月一日施行）経緯にかんがみ、手形法一六条一項と条約原文とを比較検討しておくことにする。条約原文は、フランス文と英文から成っている。本条について、まずフランス文、次いで英文を掲げてみよう（本条約に関する一連の資料については、野村修也教授のご教示とご助力をいただいた。教授のご厚情に深甚の謝意を表するものである。）。

Article 16. Le détenteur d'une letter de change est considéré comme porteur légitime s'il justifie de son droit par'une suite ininterrompue d'endossements, même si le dernier endossement est en blanc.

Article 16. The possessor of a bill of exchange is deemed to be the lawful holder if he establishes his title to the bill through an uninterrupted series of endorsements, even if the last endorsement is in blank.

わが国の手形法一六条の「看做ス」に該当するフランス文の語句は下線を付した"est considéré"であり、英文では"is deemed"である。本条約をいち早く訳出した田中耕太郎博士は、この語句を「認む」と訳し（「新手形統一法正文」法学協会雑誌四八巻九号（昭和六年）一二八―九頁）、その後これを訳出した大橋光雄博士も田中訳を踏襲していた。しかし、現行手形法が成立した後になると、例えば毛戸勝元博士は当該の語句を現行手形法の正文に従ってか、「看做ス」と訳出している（『改訂統一手形法論』昭和九年、二八頁）。

本来、フランス語の"considéré"という動詞にも、英語の"deem"という動詞にも、わが国の法令用語で用いられる意味での「みなす」という意味はない。フランス語にしても英語にしても、単に「考える」、「思う」、「認める」といった程度の意味しか持っていない。

これに対して、わが国の法令用語の「みなす」という特殊法律的意義を有する用語は、フランス語では"présumer absolument"、"présumption absolue, présomption irréfriagable, présomption juris et de jure"と呼ばれ、英語でも同様に"presume conclusively"、"conclusive presumption, irrebuttable presumption, presumption juris et de jure" と呼ばれる。

こうした語句の用語法を推考すると、田中訳が正当というべきであって、現行手形法の語句は不正確な訳語と言わねばならない。おそらく立法者は、「考える」、「思う」、「認める」等の訳語では法文の用語としてはふさわしくないとする配慮から、"est considéré"、"is deemed" にも日常用語として「みなす」と訳出する場合もあることにかんがみて、「看做ス」という訳語を選択されたのであろう。

いずれにせよ、手形法一六条一項の「看做ス」と訳出した語句は、条約正文と比較すると、かならずしも正確でないばかりか、誤訳であるとの非難も免れ得ないものがある。本条をめぐるその後の学説や判例の法解釈学的努力を思うとき、法令用語を訳出することがいかに困難であるか、そしてそのためにはいかに慎重な法律学的検討が必要であるかが問われていることに、外国法にふれることの多い法学者の一人として自省の念を新たにしている。

Let's try

六法を自由にめくり、「みなす」・「推定する」という言葉が使われている条文をできる限り多く見つけ、それぞれ、なぜその語が用いられているのかを考えてみよう。

24 「科する」と「課する」

菊池寛の短編小説に、大正七年に発表された「若杉裁判長」という作品がある（『菊池寛文学全集第二巻』、文藝春秋新社、昭和三五年発行）。寛大かつ人道的裁判で名裁判長の誉れが高い若杉浩三という裁判官が、ある夜自宅で就寝中に盗賊に押し入られ、妻子が恐怖に襲われ、その後遺症に苦しむという経験を強いられる。この体験を契機に、この裁判官はこれまでの犯罪観を転換し、世人の評価を根底から覆すような厳格な判決を言い渡すという内容のものである。この小説の一部分を引用してみよう（二〇〇頁以下）。

「元より、裁判長として、自分の下した判決が、取消される事は、決してその人に取っては、名誉でありません。が、それにも拘わらず、若杉裁判長の判決は、いつも寛大に失する位でありました。裁判長が、若杉判事だと知ると、事情を知った被告は、雀躍《こおど》りして欣《よろこ》ぶ迄になりました。」

「が、時々は、若杉さんに対して、**課刑**が寛大に失すると云う、非難がないでもありませんでした。そうした非難をする人でも、若杉裁判長の人格を底深く、植え付けられた信念の、力強さを知ると、いつの間にか、そうした非難を忘れるともなく、捨て、しまうようでした。」

「若杉さんは、盗賊に見舞われた、不快な印象を、マザ〳〵と頭の中に浮かべながら、こう云う事を考えました。自分は学校を出てから十四五年の間、罪と云う事ばかりを、考えて来た。そして、その罪に適当な刑罰を**課**する事を、自分の職責として来た。が、実際自分は本当に、罪と云う事を、正当に考えて来たであろうか。それは、余りに罪を、抽象的に考えて来たのではあるまいか。罪人の側からのみ、罪を考えて居たのではあるまいか。自分の目の前に、畏まって居る被告が、如何にも大人しく神妙なのに馴れて、彼等が被害者に及した、恐ろしい悪勢力に就いては、なんの考慮をも費やさなかったのではあるまいか。」

右に引用した文章の中には、法令用語としての厳格な用語法の観点から見ると、いくつかの誤用がある。とりわけ、ここで取り上げようとする「科する」と「課する」という用語法には問題がある（ちなみに、「被告」も誤りで、刑事事件の場合、正しくは「被告人」である。）。

しかし、菊池寛ほどの大家が誤用するほど「科する」と「課する」は発音も同じで紛らわしく、事実、日常の普通の文章では厳格に使い分けがなされていないように思われる。それでは、法令上、この二つの言葉はどのように区別して使われているのであろうか。まず、次の問題を考えてみることにしよう。

次の文章の中に誤りのあるものがあれば、それを正しなさい。
〔1〕「科する」という用語は、懲役や罰金などの刑罰をかする場合にのみ使われる。
〔2〕「科する」という用語は、刑罰や行政罰としての過料をかする場合に使われ、民事罰の場合には使われない。
〔3〕「課する」という用語は、民事罰としての過料をかする場合に使われる。
〔4〕「課する」という用語は、国又は地方公共団体その他の公的団体がその構成員の規律違反に対する懲罰をかする場合に使われる。

一　「科する」も「課する」も、ある者に一定の義務を命ずることであるが、法令用語として使われる場合には、この両者には厳格な使い分けがなされている。

まず、「科する」という用語は、懲役とか罰金などの刑罰、民事罰又は行政罰としての過料

（これは、科料と異なり、刑罰ではなく、一種の行政処分である。）、さらにまた国又は地方公共団体その他の公的団体がその構成員に対して規律維持のための懲役罰をかする場合において、どのような者に対してかすることができるかということを一般的かつ抽象的に表現するときに使われる。

例えば、憲法三一条の「何人も、法律の定める手続によらなければ、その生命若しくは自由を奪はれ、又はその他の**刑罰を科せられない。**」とか、地方自治法一五条二項の「普通地方公共団体の長は、法令に特別の定めがあるものを除くほか、普通地方公共団体の規則中に、規則に違反した者に対し、五万円以下の**過料を科する**旨の規定を設けることができる。」、あるいはまた同法一三四条一項の「普通地方公共団体の議会は、この法律並びに会議規則及び委員会に関する条例に違反した議員に対し、議決により**懲罰を科する**ことができる。」などは、その一例と言えよう。

二　「科する」は、このようにある一定の場合に、ある一定の者に対して刑罰又は過料をかすことができるということを一般的かつ抽象的に表現するときに使われる。これに対して、これを具体的に表現するときは、「科する」ではなく、「処する」が用いられる。

刑法一九九条「人を殺した者は、死刑又は無期若しくは五年以上の懲役に**処する。**」

労働組合法三二条前段「使用者が……の規定による裁判所の命令に違反したときは、五十万円（当該命令が作為を命ずるものであるときは、その命令の日の翌日から起算して不履行の日数が五日を超える場合にはその超える日数一日につき十万円の割合で算定した金額を加えた金額）以下の過料に**処する**。」

三　これに対して、「課する」は、国又は地方公共団体その他の公的な団体が国民又は住民その他の団体の構成員に対して、公権力をもって租税その他の金銭などの賦課その他夫役又は現品などの負担を命ずる場合に用いられる。

憲法八四条「あらたに租税を**課し**、又は現行の租税を変更するには、法律又は法律の定める条件によることを必要とする。」

相続税法一一条「相続税は、……相続又は遺贈により財産を取得した者の被相続人からこれらの事由により財産を取得したすべての者に係る相続税の総額（……）を計算し、当該相続税の総額を基礎としてそれぞれこれらの事由により財産を取得した者に係る相続税額として計算した金額により、**課する**。」

農業協同組合法一八条「組合は、……組合員に対して過怠金を**課す**ことができる。」

Let's try

六法を自由にめくり、「科する」・「課する」という言葉が使われている条文をできる限り多く見つけ、それぞれ、なぜその語が用いられているのかを考えてみよう。

25 科料と過料

24で述べた「科する」・「課する」に関連して、「科料」と「過料」についての理解も深めておこう。「科料」も「過料」も、公的制裁として金銭を支払わせるという点では両者に相違はないが、制裁としての性質という点では大きな違いがある。それにもかかわらず、両者の読み方が、いずれも「かりょう」であるために紛らわしく、そこで一般的には科料を「とがりょう」と読み、過料を「あやまちりょう」と読んで、両者を区別することが多い。これは、「市立大学」を「しりつだいがく」と発音した場合に聞き手が「市立大学」なのか「私立大学」なのかがわからなくなることを避けるために、わざと「いちりつだいがく」と発音する場合があるのと同じである。次の問題を考えながら、科料と過料の相違について理解を深めてみることにしよう。

次の文章の中に誤りのあるものがあれば，それを正しなさい。

〔1〕過料を完納できない者は，一定の期間，労役場に留置され，代償的に労務に服させられる。

〔2〕過料は，原則として裁判所によって科せられ，その手続は刑事訴訟法によってなされる。

〔3〕科料は，法律秩序を維持するために法令違法者に対して科せられる刑罰であって，その手続は非訟事件手続法によってなされる。

一 科料も過料も，すでに述べたように，いずれも違反者に対して公的な制裁として金銭を支払わせる点では相違はない。しかし，制裁としての性質が全く異なる。

科料は，刑罰の一種である。刑法は，刑の種類として「死刑，懲役，禁錮，罰金，拘留及び科料を主刑とし，没収を付加刑とする。」（九条）と定めている。したがって，科料は罰金と同じく財産刑の一つであるが，罰金より軽い。罰金は原則として「一万円以上」とされ（刑法一五条），科料は「千円以上一万円未満」とされている（刑法一七条）。

科料は，刑罰の場合と同様に，これを完納できない者には一定期間，労役場に留置して代償的に労務に服させ（刑法一八条），その手続は刑事訴訟法の定めるところによる。科料の執行は，検察官の命令によって執行せられ（刑事訴訟法四九〇条），科料は国庫に帰属する。

二　これに対して、過料は刑法に定める刑罰ではなく、一種の行政処分であるから、刑法総則の適用を受けることはなく、したがって過料を科する手続も刑事訴訟法の定めるところによらずに、非訟事件手続法の定めるところによる（同法一一九条以下）。

現行法上、過料を定めた規定は多く見られ、その性質も一様ではない。しかし、一般的には次の三種類に分類される。

①秩序罰としての過料　民事訴訟法一九二条「証人が正当な理由なく出頭しないときは、裁判所は、決定で、これによって生じた訴訟費用の負担を命じ、かつ、十万円以下の過料に処する。」秩序罰としての過料は、秩序を維持するために法令に違反した者に制裁として科せられるものであって、過料の大部分はこの種のものである。

②執行罰としての過料　戸籍法一三七条「正当な理由がなくて期間内にすべき届出又は申請をしない者は、五万円以下の過料に処する。」この種の過料は、行政上の義務履行を強制する手段として科せられるものである。

③懲戒罰としての過料　裁判官分限法二条「裁判官の懲戒は、戒告又は一万円以下の過料とする。」

過料は、右に述べたように、その手続は原則として非訟事件手続法の定めるところによる。しかし、これには重要な例外があって、「普通地方公共団体の長が過料の処分をしようとする場合においては、過料の処分を受ける者に対し、あらかじめその旨を告知するとともに、弁明の機会を与えなければならない。」（地方自治法二五五条の三）

Let's try

① 六法を自由にめくり、「科料」・「過料」という言葉が使われている条文をできる限り多く見つけ、それぞれ、なぜその語が用いられているのかを考えてみよう。

② 科料と過料のように、発音すると二語が同じになってしまうがゆえに、わざと通常とは異なる読み方をして区別するものに「規定」（きてい→きさだ）と「規程」（きてい→きほど）がある。この両者の違いについて調べてみよう。

③ これらのように、わざと通常とは異なる読み方をして区別する法令用語の組み合わせとしてどのようなものがあるだろうか。発音がまったく同じにならなくとも、類似の発音になってしまうがためにわざと通常とは異なる読み方をするものも含めて、どのような法令用語の組み合わせがあるだろうか。

Ⅳ

時の流れと条文

26

期限・期間・期日

一定の日時を表現する法令用語に、「期限」と「期間」と「期日」がある。「期限」と「期間」は、ともに一定の時間的長さを示す用語である。両者の相違は、「期限」が始期以後又は終期以前における不定の時間的ひろがりであるのに対して、「期間」は始期と終期の間の一定の時間的長さであるという点にある。この両者に対して、「期日」は特定の具体的な日を意味する。

次の設問を考えながら、この三者の用語法の相違についての理解を深めてみよう。

> 次の文章の中で誤りのあるものがあれば、それを正しなさい。
> 〔1〕「一年以内に」という場合、一年を経過する最後の日までが含められていることを意味するから、これは期限を定めたものである。
> 〔2〕「一年以内に」という場合の「一年」は、その始期から一年という期間を定めたものである。

〔3〕納税について、「三月三十一日を期日として」と定められている場合は、文字通り期日を定めたものである。
〔4〕「この法律は、令和五年三月三十一日まで効力を有する。」という場合、この法律の期限を定めたものである。
〔5〕「この法律は、令和五年三月三十一日に廃止されるものとする。」という場合、この法律の期日を定めたものである。

一　「期限」は、すでに述べたように、始期以後又は終期以前における不定の時間的ひろがりを意味する用語であり、「四月一日から」とか「三月三十一日までに」と言えば、期限ということになる。

したがって、設問〔1〕の「一年以内に」という場合は、「以内」ということに着目すれば、一年を経過する最後の日までという意味に解することができるから、これは「期限」を定めたものということになる。設問〔4〕も同様に、この法律の終期を定めたものであるから、「期限」を定めたものであるということになる。

期限は、通常、ある法律行為の効力の発生・消滅又は債務の履行に関して付けられる。例えば、四月一日からマンションの一室を賃貸する賃貸借契約を結んだ場合、この「四月一日」は契約の効力発生に関して付けられた期限であって、このような期限を「始期」という。これに対して、本年一二月末日まで、毎月一万円ずつ返済する金銭消費貸借契約を結んだ場合、この「本年一二月末日」を「終期」という。

期限が到来すると、例えば、もしその期限が債務の履行に関して付けられたものであれば、期限到来の効果として債権者は履行の請求をすることができる（民法一三五条一項反対解釈）。期限が効力の消滅に関して付けられていれば、期限到来の時からその法律行為の効力は消滅する（同法同条二項）。

例えば、契約に期限を付けることによって、債務者が利益を受けたり、逆に債権者が利益を受けたり、あるいはまた双方の当事者が互いに利益を受けることがある。これを「期限の利益」という。例えば、所定の期限までは、債務者は「弁済しなくてもよい」という利益を受けることになる。

民法は、「期限は、債務者の利益のために定めたものと推定する。」と定め（民法一三六条一項）、期限は一応、債務者の利益のために存在すると推定している。一つ、例を挙げよう。債務の支払いを割賦払いとする契約がある。債務者が割賦払いの約束をきちんと守って債務を分割で支払っている限り、期限の利益は債務者にある。しかし、債務者がなんらかの事由により約束通りの分割払いをなすことができず、二回目、三回目と分割払いを怠ったという場合、債権者にはどのような救済の道が用意されているのであろうか。

債権者は、まだ弁済期が到来していない分割払いの分については、契約によってすでに債務者に期限の利益を与えてしまっている以上、債務者が遅滞しているその二回目、三回目の割賦支払い額しか請求できないことになる。そのような場合、すでに債務者は債務支払い能力について信用を失っているわけであるから、債権者に対して「債務者に対しての履行の請求を本来の期限が到来するまで待て」とその請求を禁ずることは、債権者に対しては極めて酷な話となる。

そこで、民法は、①債務者が破産手続開始の決定を受けたとき、②債務者が担保を滅失させたり、あるいはこれを減少させたとき、③債務者が担保を供する義務を負いながら、それを供しないとき（民法一三七条）、すなわち債務者にその信用を喪失する事由が生じたときは、債務者に与えた期限の利益が剝奪されると定めている。一般に、債権者は契約締結に際し、契約書に期限の利益喪失の条項を定め、約定の事由が生じた場合には、債務者から、将来において給付すればよいという期限の利益を奪っておくことが行なわれることが多い。分割払いの途中で弁済されない回があったときは、その後に弁済期が到来する分について直ちに弁済期となる旨の条項が考えられる。

期限と同じく法律行為に付されるものに「条件」があり、期限と条件の相違についてはきちんと押さえておく必要がある。詳細は民法総則で学習してほしい。

二 「期間」とは、三日間、一週間、一年間、あるいは「一月一日から六月三十日までに」というように、始期から終期までの一定の時間の長さをいう。民法五四一条で「……**期間**……」と定める「期間」は、この意味の期間である。

設問〔2〕に関して言えば、設問は「一年以内に」という場合の「一年」に限定しており、その点に着目する限り、その始期から「一年」ということになるから、「期間」を定めたものということになる。

期間は、私たちの日常生活において重要な役割を果しているので、民法はその計算方法について特に定めている（一三八条から一四三条）。期間の計算方法については、後に再論することにする。

三 「期日」は、例えば「四月一日に」というように特定の具体的な日を意味する。国会法一条一項で定める「国会の召集詔書は、集会の期日を定めて、これを公布する。」の「期日」は、この意味の期日である。したがって、設問〔5〕の場合、この法律が廃止されるべき日を定めたものであるから、「期日」を定めたものということになる。しかし、設問〔3〕の場合、三月三一日以前の納税が認められているのであるから、ここには始期と終期の間の一定の時間的長さが存在している以上、これは、実際には「期限」を定めたものということになる。

「期日」が訴訟法上で用いられている場合（民事訴訟法九三条以下）、それは裁判機関（裁判長・裁判官・裁判所書記官・執行官）と当事者その他の訴訟関係人（補助参加人・証人・鑑定人・競売人）が一定の場所に会合して訴訟行為をする時間をいう。この場合の「期日」は、あらかじめ裁判所の側で年月日と開始時を示して指定される（同法九三条一項）。

Let's try

六法を自由にめくり、「期日」が定められている条文をできる限り多く見つけよう。

27 期間の計算方法

「この本を一週間だけ貸してくれ」――「いいよ」と約束した場合に、その借りた日はその一週間のうちに含めて起算されるのか、それともその翌日から起算されるのか。こういったことは、日常生活ではあまり意識されることはないかもしれない。しかし、この期間計算が法律行為の権利義務のあり方に重大な影響を生ぜしめることがある。次の問題を解いて理解を深めよう。

次の文章の中で誤りのあるものがあれば、それを正しなさい。

〔1〕民法一四〇条は「日、週、月又は年によって期間を定めたときは、期間の初日は、算入しない。ただし、その期間が午前零時から始まるときは、この限りでない。」と定めているが、このただし書の「午前零時」は前日の午後一二時とは厳格に区別されている。

〔2〕二〇二三年三月二五日に「この本を二〇二三年四月一日より十日間貸す」と約定した場合、約定した初日は四月二日となり、四月一一日が満了の日となる。

〔3〕二〇二三年四月一日午後五時に「この本を今から十日間貸す」と約定した場合、四月一一日の午後五時が期間満了の日となる。

〔4〕二〇二三年二月三日に「この本を今から一か月間貸す」という場合において、民法一四〇条の「初日不算入の原則」により、起算日が二月四日となるので、期間満了の日は三月四日となる。

〔5〕二〇二三年三月二五日に「この本を四月一日より一か月貸す」と約定した場合、期間満了の日の四月三〇日は日曜日となるので、その前日の四月二九日の午後一二時をもって期間が満了することになる。

〔6〕農業協同組合法四三条の六第一項は「総会を招集するには、総会招集者は、その総会の日の十日前までに、組合員に対して書面をもつてその通知を発しなければならない。」と定めている。したがって、二〇二三年六月一五日に総会を開く場合、その通知は、六月

五日までに組合員に到達すればよい。

一　時は、一瞬の断絶もなく連続して移っていく。その間、過去、現在、未来は、異時にして同時、しばしの停止もない。例えば、三月三一日の午後一二時は四月一日の午前零時とどう違うのか。考えると極めて難しい問題であるが、帰するところ午後一二時は午前零時の言い換えにすぎないとも言える。しかし、法観念上は区別されなければならないので、「満了」という用語がその場合のけじめをつけるものとして愛用される。例えば、民法一四一条は「前条の場合には、期間は、その末日の終了をもって満了する。」と定めている。

二　民法の定める期間計算は、次の原則による。

①「一時間」とか「三〇分」などのように時（時・分・秒）を単位として期間を計算する場合

このような場合は、「即時」を起算点とする（民法一三九条）。期間の満了点は、その定められた時・分・秒の終了した時点である。

②「日」・「週」・「月」・「年」を単位として期間を計算する場合

何日間、何週間、何月間又は何年間という期間の定め方をした場合、その期間が午前零時から始まるときは、その初日を第一日として起算するが、それ以外のときは、初日を算入せず、その翌日を第一日として起算する（民法一四〇条）。これを「初日不算入の原則」という。

例えば、四月一日の午前一〇時に、「この本を今から十日間貸す」と約定した場合、その四月一日はすでに一〇時間経過しており、一日としては半ぱになっている。そこで、この四月一日は期間計算の起算点としての初日としないで、約定の初日は四月二日とし、それから十日間というのは、四月一一日が終わる夜中の午後一二時までということになる。

しかし、設問〔2〕のように、三月二五日に約定し、その約定で「四月一日より十日間」と決めた場合は、初日の四月一日はまるまる二四時間あり、半ぱな一日ではないので、四月一日が期間計算の起算点としての初日となる。
三　期間の満了点については、満了は期間の末日の終了をもってする（民法一四一条）。したがって、設問〔3〕の場合、期間満了の時点は「期間の末日の終了」であるので、四月一一日の午後一二時をもって期間が満了することになる。
期間が週、月又は年で定められている場合について、民法は、暦に従って計算し、最終の月や年における起算日に応当する日の前日をその期間の末日とするものと定めている（民法一四三条一項、二項）。「暦に従って」というのは、三〇日間とか三六五日間といった具合に「日数換算しない」という意味である。刑法でも、「月又は年によって期間を定めたときは、暦に従って計算する。」と定められている（刑法二二条）。三〇日の月であろうが、三一日の月であろうが、一か月は一か月である。そうなると、民法一四三条一項が「週」にも言及していることについては、「週」は常に七日間であるから、とりたてて意味がないとも考えられる。

したがって、設問〔4〕のように、「二月三日から一か月間」という約定の場合、初日の二月三日からすでに何時間か欠けているので、民法一四〇条の「初日不算入の原則」がはたらき、起算日は二月四日となる。期間は一か月であるから、起算日に応当する日は三月四日ということになる。しかし、民法一四三条二項の定めにより、期間満了の日は、起算日に応当する三月四日の前日である三月三日ということになる。

また、期間がこのように週、月又は年で定められている場合に、暦に従って計算していくと、最後の日に応当する日がないことが起こる。例えば、応当の日が二月三〇日とか六月三一日になる場合が生じる。このような場合は、民法の定める「月又は年によって期間を定めた場合において、最後の月に応当する日がないときは、その月の末日に満了する。」の規定（一四三条二項ただし書）により、二月二八日（平年の場合）又は二月二九日（うるう年の場合）、あるいは六月三〇日が期間満了の日となる。例えば、二〇二二年一二月三〇日を起算日として「この本を二か月貸す」という取決めをした場合、応答する日は二〇二三年二月三〇日となるが、その日は存在しないので、同年同月の末日である二月二八日に期間満了となる。

四　設問〔5〕のように、期間の末日が日曜日とか祭日にあたった場合について、民法は

「期間の末日が日曜日、国民の祝日に関する法律に規定する休日その他の休日に当たるときは、その日に取引をしない慣習がある場合に限り、期間は、その翌日に満了する。」と定めているので（一四二条）、四月三〇日の翌日の五月一日が期間満了の日となる。もし四月中に物事を終わらせたい等の特別な事情がある場合には、当事者の取決め等で、「末日が日曜・祝日のときは、その前日（ないしは、前営業日）とする」といった旨を特別に定めておく必要がある（まさしく「特約」である。）。

五　過去に遡る場合の期間の計算方法については、民法に規定はない。しかし、その場合であっても、民法の期間の規定（一三八条～一四三条）が類推適用され、「初日不算入の原則」、及び期間の末日の終了をもって期間の満了とすること（同法一四一条）の原則に従って計算される。

したがって、設問〔6〕の場合、「十日」という期間の計算にあたって、総会の当日は、「初日不算入の原則」によって計算に入れられず、「総会の日の前の日まで」ということで、総会の前日から起算することとなって、その日から十日、遡ることになる。その遡った十日目の六月五日午前零時が満了点であるから、そのさらにまた前日である四日の午後一二時までに通知を発する必要がある。結局、二四時間まるまる存在する日が間に十日必要と考えればよいであろう。こうして、六月四日中に招集通知を発する必要があるということになる。「十日前に」

ということは、表現を変えれば、「中十日置く」という意味で理解すればよいということになる。なお、かようなタイプの条文の場合、招集通知を発すればよいのか（発信主義）、相手に到達する必要があるのか（到達主義）という点についても、条文を注意深く読んで、正しく理解する必要がある。

六　民法は、「期間の計算方法は、法令若しくは裁判上の命令に特別の定めがある場合又は法律行為に別段の定めがある場合を除き、この章の規定に従う。」（一三八条）と定め、民法の期間計算の方法を原則としている。しかし、法律によっては民法の原則と同じ趣旨の内容でなくてもよいことになっている。

①　年齢の計算については、明治三五年（一九〇二年）の「年齢計算ニ関スル法律」により「年齢ハ出生ノ日ヨリ之ヲ起算ス」として、民法とは異なり初日算入を原則としている。したがって、成年に達するのは、出生の日を初日として起算し、民法一四三条の「起算日に応当する日の前日」に従い、誕生日の前日の午後一二時に到達した時点、すなわち誕生日の午前零時ということになる。もっとも、屁理屈を言うとすれば、三月三一日の午後一二時というのはその日の終了点であって、同日の始点である三月三一日午前零時には一歳、年をとっていないはずであり、三月三一日午後一二時に、すなわち四月一日午前零時に一歳、年をとるのではないか、との疑問が生じる。まさしくこの点が争われた事件があり、東京高判昭和五三年一月三〇

日民事判決時報二九巻一号一四頁は、「日を単位とする計算の場合には、右単位の始点から終了点までを一日と数えるべきであるから、右終了時点を含む」三月三一日が当該人物の一歳、年をとる日と判断した。これを最高裁はそのまま支持している（最判昭和五四年四月一九日判時九三一号五六頁）。

これは、選挙権取得や義務教育である小学校の入学に際して重要となってくる。まず、仮に四月八日が選挙の投票日であるとすると、一八年前の四月九日に生まれた者も、この四月八日に一八歳になり、投票できることになる。その四月八日の午前〇時に満一八年となり、四月八日執行の選挙に投票できるわけである（大阪高判昭和五四年一一月二二日高民集三二巻二号二二四頁、この事件当時は選挙権取得は二〇歳）。また、四月一日生まれの子が、いわゆる「前年度」の学年に入るのも、このためである。なお、小学校入学をめぐっては、四月一日生まれの者は翌年三月三一日をもって満一歳となるとの「昭和二六年二月五日島根県教育委員会教育長あて文部省地方連絡課長回答」も存在するようである（大阪教育法研究会ウェブページhttp://kohoken.chobi.net/cgi-bin/folio.cgi?index=sch&query=/notice/19510205.txtより、二〇二三年三月二七日アクセス）。

② 出生の届出について、戸籍法は「届出期間は、届出事件発生の日からこれを起算する。」（四三条一項）と定めている。したがって、出生届は生まれた日を加え、すなわち初日を算入

し、その日から一四日以内にしなければならないことになっている（四九条一項）。それゆえに、民法の初日不算入の原則に従った届出をすると、五万円以下の過料に処せられる事態を招来することがあり得る（一三七条）ので、注意しておかねばならない。

③　刑法では、刑期と受刑の初日に関して、特に定めている（刑法二三条及び二四条）。刑事訴訟法は、期間計算について民法の原則に従っているが（五五条一項、二項、三項）、時効期間の計算については初日を算入し、末日が祝祭日であってもその日に満了するものとされている（五五条三項ただし書）。

七　次に、公法上の期間計算について考えてみることにしよう。

次の文章の中で誤りのあるものがあれば、それを正しなさい。

〔1〕国会法の規定によると、各議院の議員が内閣に質問しようとするときは、主意書を作ることになっている（七四条二項）。そして、内閣がこの質問主意書を受け取ったときは、その日から七日以内に答弁しなければならないことになっている（七五条二項）。この場合において、例えば、「二月一日から七日以内」のときの起算日は当日の二月一日か、それとも民法の原則通り翌日の二月二日か。

〔2〕予算の自然成立について、憲法は「参議院が、衆議院の可決した予算を受け取つた後、

国会休会中の期間を除いて三十日以内に、議決しないときは、衆議院の議決を国会の議決とする。」と定めている（六〇条二項）。この場合、参議院で予算を受け取ったのが三月四日とすると、自然成立の日は四月三日か、それとも四月四日か。

国会法は、国会関係の期間の計算について「この法律及び各議院の規則による期間の計算は、当日から起算する。」（一三三条）と定め、民法の期間計算の原則と異なり、初日算入の原則を明定している。したがって、設問〔1〕の場合は「二月一日」、設問〔2〕の場合は「四月三日」となる。

国会関係の期間の計算は、明治憲法下の帝国議会時代から会期が初日を入れて計算される慣行ができあがっており、現行国会法も「国会の会期は、召集の当日からこれを起算する。」と定めている（一四条）。このように国会関係では、すべて初日算入の計算の原則が確立し、憲法そのものに定められている期間についても、こと国会に関する限りは、従来の慣例に従い初日算入の計算方法によっている。

八　法律の施行日については、大きく分けて、「から起算して」という文言が挿入されている場合とこの種の文言が省略されている場合とがある。法令がいつから施行されるかということは、日常の生活の上で極めて重要な問題であるので、両者の関係を考えておくことにしよう。

「議院における証人の宣誓及び証言に関する法律」の昭和二二年制定時の附則一項は、「この法律は、公布の日から、これを施行する。」と定めている。これに対し、同法の平成二六年四月一八日改正時の附則一条は、「この法律は、公布の日から起算して六月を超えない範囲内において、政令で定める日から施行する。」と定めている。設問の文章の中で誤りのあるものがあれば、それを正しなさい。

〔1〕施行期日に関して、「公布の日から」と「公布の日から起算して」というように、規定の仕方が違う以上、両者は厳然と区別される必要がある。したがって、後者の場合は公布の日が算入されるが、前者の場合は公布の日は算入されることはない。

〔2〕施行期日に関して、両者の法律の規定の仕方に違いはあるが、実際上、両者の意味に相違はなく、前者の場合も公布の日が算入されているものと解すべきである。

「議院における証人の宣誓及び証言に関する法律」の昭和二二年制定時の附則一項のように、施行期日に関し「公布の日から、これを施行する。」とした場合について、法令の公布はその日の午前零時にあったものと解されるという理由から、その期間の計算については、民法一四〇条ただし書の趣旨によって、設問〔2〕のように、初日を算入するのが従来の取扱いであった。

しかし、昭和二六年法律第二五二号「覚せい剤取締法」の法定刑を重くした昭和二九年法律第一七七号「覚せい剤取締法の一部を改正する法律」の公布の効力発生時期について争われる事件が発生した。**14**で触れた最大判昭和三三年一〇月一五日刑集一二巻一四号三三一三頁がそれである。この最高裁大法廷判決も一つの契機となって、法令の公布を午前零時と解する従来の取扱いについて疑義が生じるにいたった。そこで、最近の法律では、例えば設問内の平成二六年四月一八日改正時の附則一条に定められているように「公布の日から起算して」という文言を挿入して、初日算入の趣旨を明確にするのが一般的な取扱いとなっている。

Let's try

① 一二月二九日から一月三日の六日間（いわゆる年末年始）について、これらの日々が「休日」か否かについて争われた事件の裁判例を調べてみよう。

② 六法を自由にめくり、本文中の六の解説を参考に、民法の定める期間計算方法とは異なる内容の規定を探してみよう。

28 当分の間

「当分の間」という言葉は、日常生活では一般に「しばらくの間」とか、「さしあたり」といった意味で使われている。もちろん、法令用語としても、この「当分の間」という言葉は用いられているが、日常用語の用語法とはいささか異なる。

例えば、昭和二三年に制定され、昭和二四年二月一日に施行された罰金等臨時措置法一条は、「経済事情の変動に伴う罰金及び科料の額等に関する特例は、**当分の間**、この法律の定めるところによる。」と定めていた。また、明治四一年に制定され、同年一〇月一日に施行された刑法施行法は、その後、幾度か改正されてはいるものの、その二五条一項は「左ニ記載シタル旧刑法ノ規定ハ**当分ノ内**刑法施行前ト同一ノ効力ヲ有ス」と定め、「一　第二編第四章第九節／二　第二編第五章第三節」を挙げていた。現在はこれが「旧刑法第二編第四章第九節ノ規定ハ当分ノ内刑法施行前ト同一ノ効力ヲ有ス」となっており、対象が旧刑法の「第二編第四章第九節」のみになったものの、「当分ノ内」効力を有するとされている。また、昭和二二年に制定され、同年五月三日に施行された検察庁法三六条（附則の中の条文）は、「法務大臣は、当分の間、検察官が足りないため必要と認めるときは、区検察庁の検察事務官にその庁の検察官の事務を取り扱わせることができる。」と定めている。

このように法令用語としての「当分の間」は、右に例示した刑法施行法に見られるように、「当分ノ内」という用法もある。その意味するところは、両者とも同じであって、後者は概して古い法令で用いられているようである。また、法令で「当分の間」が用いられるのは、本来は「そう遠くない将来までの間」という趣旨で、臨時的かつ暫定的な処置という意図を示すものであるためか、終戦後の混乱期に制定された法令にこの用語が多く使われている。

さて、法令で「当分の間」とあるとき、それはどの程度の期間を意味しているのであろうか。

次の文章の中で誤りのあるものがあれば、それを正しなさい。

〔1〕「当分の間」は、その法令上の措置があくまでも臨時的で、暫定的なものであるから、その期間の年数は五年を超えることはない。

〔2〕「当分の間」という用語が用いられる法令は、戦中・戦後の混乱期や将来が不透明な社会の激動期に制定されるものが多いことから、その混乱期や激動期も一〇年で終息して安定期を迎えるとの歴史的経験に則して、その年数は一〇年を超えることはない。

〔3〕「当分の間」は、具体的な年数を示すものではないが、それがあまりに長期にわたるとき

は、事実上違法状態が発生し、改廃されたものとみなされる。
〔4〕「当分の間」は、年数とは関係なく、改正又は廃止する旨の新たな立法措置がとられるまでの間という意味である。

一　「当分の間」（「当分ノ内」）の法令上の意味は、その法令上の措置が臨時的かつ暫定的なものであって、早晩改廃されるべきものであるという趣旨を示しているにすぎない。いかなる意味においても、設問〔1〕や〔2〕のように具体的な年数を示すものではない。
二　また「当分の間」という制約がついているその条文の規定は、新たな立法措置によって改正または廃止されるまでの間はいつまでも効力を持つものとなる。最高裁判所は、「当分ノ内」を定めた刑法施行法二五条一項について、「刑法施行法は……当分のうちその効力を有すると規定しているのであるから、この規定の内容は早晩改正されることが予想されたものと言わなければならない。……刑法施行法に『当分ノ内』の字句があるとしても、他の法律によって廃止されないかぎり法規としての効力を失つたものと言うことはできない。」（最大判昭和二四年四月六日刑集三巻四号四五六頁）と判示している。
三　このように、「当分ノ内」は臨時的かつ暫定的なものだという立法の際の意図を示す趣旨であって、改廃を目的とする新しい立法措置が講じられない限り効力を持続することになる。それゆえ、明治四一年（一九〇八年）に制定された刑法施行法（二五条一項）に見られるように、百十年以上という長い年月を経過していても、今なお「当分ノ内」ということになる。そうなると、「当分の間」（「当分ノ内」）という文言は、結果的にはこのような限定がなされていない場合とほとんど違わないことになり、こうした文言がなくても条文の意味はまったく変わることがないということになる。しかしそうであっても、この場合、少なくとも「当分の間」という文言を定めておくことによって、立法を担う国会に対して、将来改廃等の然るべき立法的措置を講ずべきことを促すという政治的意味が含まれていると言えるであろう。

Let's try

六法を自由にめくり、「当分の間」（「当分ノ内」）という言葉が使われている条文をできる限り多く見つけよう。

29

「直ちに」・「すみやかに」・「遅滞なく」

「直ちに」・「すみやかに」・「遅滞なく」という言葉は、いずれも「すぐに」といった意味で日常用語として用いられているが、法令用語としても頻繁に用いられる。これらの字句が法令に使われる場合、少しずつニュアンスに違いがあり、区別して用いられている。この三者の用語法を解説する前に、まず次の設問を考えてみることにしよう。

次の条文を読んで、時間的即時性の強いものから並べ、番号で答えなさい。
〔1〕憲法三四条前段「何人も、理由を**直ちに**告げられ、且つ、**直ちに**弁護人に依頼する権利を与へられなければ、抑留又は拘禁されない。」
〔2〕生活保護法二五条一項「保護の実施機関は、要保護者が急迫した状況にあるときは、**すみやかに**、職権をもつて保護の種類、程度及び方法を決定し、保護を開始しなければならない。」
〔3〕民法八五三条一項本文「後見人は、**遅滞なく**被後見人の財産の調査に着手し、一箇月以

内に、その調査を終わり、かつ、その目録を作成しなければならない。」

一　この三つの用語の使い方について、大阪高等裁判所がその判決の中で次のように判示している。すなわち、「「すみやかに」は、「直ちに」「遅滞なく」という用語とともに時間的即時性を表わすものとして用いられるが、これらは区別して用いられており、その即時性は、最も強いものが「直ちに」であり、ついで「すみやかに」、さらに「遅滞なく」の順に弱まっており、「遅滞なく」は正当な又は合理的な理由による遅滞は許容されるものと解されている」（大阪高判昭和三七年一二月一〇日判時三二七号四七頁）。

二　この「直ちに」という用語は、法令上非常に多く用いられるものであって、他の二者と異なり、時間的即時性が最も強い場合に用いられる。したがって、「直ちに」という場合は、一切の遅れを許さないという意味で解されるのが通例である。

もっとも、「直ちに」は、常に時間的即時性を表わす場合に用いられているとは限らない。例えば、二〇〇四年現代語化改正前の民法二一八条に「土地ノ所有者ハ**直チニ**雨水ヲ隣地ニ注瀉セシムヘキ屋根其他ノ工作物ヲ設クルコトヲ得ス」と定められていたが、この場合の「直チニ」は「直接に」という意味で用いられていたところ、現代語化改正によって、「直接に」という文言に変わった。いずれにせよ、密着性という点では共通している。

三　時間的即時性という点で「直ちに」の次に位置しているのが「速やかに」である。時間的即時性の最も弱いのが「遅滞なく」である。「遅滞なく」は、法令上「事情の許す限り最も早く」という意味で用いられ、この場合、正当かつ合理的理由による遅延は許されると解されている。

したがって、その遅延に正当かつ合理的理由がなければ、違法又は不当の問題が生じることになる。この点、「直ちに」の場合も同様である。

四　これに対して、「速やかに」は、一般的に「できるだけ早く」という意味で使われるが、どちらかと言えば訓示的な意味を持ち、違反した場合であっても、義務を怠ったものとして、直ちに違法になることはない。例えば、刑事訴訟法四一七条の「上告裁判所は、訂正の判決をしないときは、速やかに決定で申立を棄却しなければならない。」という規定は、その典型的事例の一つである。もっとも、その他にも、「できるだけすみやかに」（警察官職務執行法三条二項前段）、「できる限りすみやかに」（地方自治法九条の四）、「できる限り速やかに」（刑事訴訟法七三条）、「なるべくすみやかに」（国家公務員法九五条）というように、一読して訓示的意味で使われていることがわかるような使用例もある。

五　しかし、場合によっては「速やかに（すみやかに）……しなければならない」と定め、その規定の違反行為に罰則を科する例も見られる。例えば、銃砲刀剣類所持等取締法は二三条において「銃砲等又は刀剣類を発見し、又は拾得した者は、速やかにその旨を最寄りの警察署に届け出なければならない。」と定め、この規定に違反した者は「二十万円以下の罰金に処する。」と定めている（同法三五条柱書及び二号）。この他にも、「速やかに（すみやかに）……しなければならない」として罰則をつけている例として、道路交通法九四条一項（一二一条一項八号で処罰）、覚醒剤取締法二三条（四二条八号で処罰）、三〇条の一四第一項（四二条二〇号で処罰）等が挙げられる。

こうした法律の場合、「すみやかに」届け出る義務を課せられていながら、その義務を履行しなかった者は、所定の処罰を受けることになる。しかし、この場合「すみやかに」という時間的に曖昧かつ不明確な基準では、「届け出なかったことによる犯罪は、いつ成立したことになるのか」という時点を確定することがしばしば困難となる事態が生じる。

現に、この問題をめぐって銃砲刀剣類所持等取締法一七条一項前段の規定に関して訴訟で争われたことがある。本規定は、改正を受けて、現在は、「登録を受けた銃砲又は刀剣類を譲り受け、若しくは相続により取得し、又はこれらの貸付け若しくは保管の委託をした者は、文部科学省令で定める手続により、二十日以内にその旨を当該登録の事務を行つた都道府県の教育委員会に届け出なければならない。」と定められており、この規定に違反して届出をしないと、同法三二条三号によって一年以下の懲役又は三〇万円以下の罰金に処せられるとされている。しかし、問題となっている事件の発生当時は、本法の当該規定中の「二十日以内に」という部分が「すみやかに」となっていた。

銃砲刀剣類所持等取締法上の登録を受けた日本刀一振りを他人から譲り受けた者が七か月以上も届出をしなかったことで、同法違反に問われ、「すみやかに」という用語の意味が争われることになった。次の文章のうちで正しいものはどれか。

〔1〕本法一七条一項に定める「すみやかに」という用語の意味は、「できるだけ早く」ということであるから、少なくとも一か月を超えることは許されない。

〔2〕本法一七条一項に定める「すみやかに」という用語は、刑罰法令の構成要件の定め方としては内容が明確でないので、憲法三一条の法定手続の保障の趣旨に照らし、本条は適用不可能な無効な規定である。

〔3〕一定の行為を命ずる場合に、「何日以内に」というような確定期限を定めておくか、あるいは「直ちに」とか「すみやかに」と定めておくかは、その法令の立法趣旨、要求される行為の直接の目的、性質、方式等によって合目的的合理的に考えられるべきものであって、本条に定める「すみやかに」という用語をもって直ちに本条を無効とすることはできない。

設問の事件において、昭和三七年七月一四日、第一審の大阪地方裁判所は、「本法第十七条第一項は、同条項における『すみやかに』という用語が『何日以内』というような数量的観念とは異なり主観性の強いもので、客観性が稀薄であり不明確であるから、同条違反に対する本法第三十三条の罰則は罪刑法定主義ひいては憲法第三十一条に違反して全面的に無効であり、その適用は拒否せらるべきである」と判示した（大阪地判昭和三七年七月一四日判時三一七号四八頁）。設問〔2〕が、まさにこの立場に立つ見解と言える。

これに対して、控訴審である大阪高等裁判所は、次の二点の理由に基づいて、大阪地裁の原判決は法令の解釈、ひいてはその適用を誤ったものとして、これを破棄した（大阪高判昭和三七年一二月一〇日判時三二七号四六頁）。

第一に、「一定の行為を命ずる場合に「何日以内」というような確定期限をもつてするか、或いは「直ちに」「すみやかに」というような定め方をするかは、その法令の立法趣旨、要求される行為の直接の目的、性質、方式等によつて合目的的合理的に考えらるべきであつて、作為又は不作為を命ずる場合に確定期限による定め方のみですべての場合に対処することは、複雑多岐にわたる社会生活事象に照らせば、現実に不可能、不適当であることは明らかである。」

第二に、「個々具体的の場合において、「すみやか」と「非すみやか」との限界にあるような事例については、……その場合でも客観的にみて規範的に公正な判断は不可能ではなく、現実上限界上にある事例に対する見解が異なることがあるからといつて、全般的に「すみやか」であるか否かの公正な判断が社会生活上客観的妥当性を有するということは否定しえないところである。」

以上からも明らかなように、設問〔3〕は右の大阪高裁判決の立場に立つ見解ということになる。法律の争点となった銃砲刀剣類所持等取締法一七条一項の「すみやかに」について、その後これを部分改正して「二十日以内」に改めたのも、罪刑法定主義の原則との関連において解釈上の疑義を払拭するための立法上の解決であったと見ることができよう。

Let's try

六法を自由にめくり、「直ちに」・「すみやかに」・「遅滞なく」という言葉が使われている条文を見つけ、それぞれ、なぜその語が用いられているのかを考えてみよう。

V

公用文

30 公用文作成の考え方、特に送り仮名

本書の最終講であるここで、法文だけでなく、公的な文章の書き方についてのルールについて見ておくことにしよう。これは、公務員はもちろんのこと、学生であれば普段の学習時のみならず、各科目で出されるレポート課題や答案の執筆時に、実務家や企業等での従業員でも公的な書類作成時に必要となるルールと言えるため、知っておくことが望ましい。

まず、日本において用いられる言語のことから考えよう。日本において日常生活を送っているときは、ほとんどすべての場面において、特に考えることなく日本語を用いて読み・書き・話すという行為を行なっている。そして日本国における公的な文書は、基本的に日本語で作成されている。では、その根拠条文はあるのであろうか。世界に二百近い国と地域があるわけであるが、国によっては憲法によって「公用語」が定められていたりする。例えば、カナダ一九八二年憲法一六条以下、フランス一九五八年憲法二条一項、スイス連邦憲法四条、ロシア連邦憲法六八条一項及び二項がそれである（『新版 世界憲法集（第二版）』（岩波書店）より）。また、パラオ共和国アンガウル州憲法一二条A節一項は、日本語も公用語の一つとしている。

しかし、日本国においては、公用語が日本語である旨を定めた条文は見当たらない。存在するのは、裁判所での日本語使用を定めた裁判所法七四条、公証人は日本語を用いた証書以外は作成できない旨を定めた公証人法二七条ぐらいである。日本語を公用語とする旨をあえて法律等で定める必要性がないということであろうか。

一般的に、官公庁で業務上、作成される文書を「公用文」と呼ぶことができる。こういった文書を日本語で作成するにあたり、従来は、昭和二六年（一九五一年）一〇月に国語審議会が建議した「公用文作成の要領」が、いわば参考とされてきた。ところが、第一に、長い年月の経過により社会状況との表記面での食い違いが発生しているのではないかとの懸念の存在、第二に、昨今の広報目的の文書やいわゆるウェブサイト記事においては国民にとってわかりやすい表記がなされているといった事情により、見直しが検討されてきた。そして、ついに令和三年（二〇二一年）三月一二日、文化審議会国語分科会は、「新しい「公用文作成の要領」に向けて」を報告し、この報告に基づき、令和四年（二〇二二年）一月七日、文化審議会は、「公用文作成の考え方」を建議した。これが同年一月一一日の閣議（岸田内閣）において文部科学大臣から報告され、同日付けで「「公用文作成の考え方」の周知について」（内閣文第一号内閣官房長官通知）が内閣官房長官から各国務大臣に宛てて通知された（これにより、「公用文改善の趣旨徹底について」（昭和二七年四月四日内閣閣甲第一六号内閣官房長官依命通知）は、同日付けで廃止された。）。およそ七〇年ぶりの改訂である。「公用文作成の考え方」は文化庁のウェブサイト上で公開されており、自由にダウンロードすることができる。

さて、公用文に関して多数の項目について多数のルールが定められているわけであるが、なかでも注意してほしい項目として、「送り仮名の付け方」がある。送り仮名については、「送り仮名の付け方」（昭和四八年内閣告示第二号）に従うのが原則であり、これは義務教育で学ぶ送り仮名の付け方と一致している。ところが、公用文では、読み間違えるおそれのない複合の語の名詞（一八六語）については、「許容」とされている表記をあえて用いることとなっており、二〇二二年の新しい「公用文作成の考え方」でもそれが踏襲された。これは、平成二二年一一月三〇日の「公用文における漢字使用等について」（平成二二年内閣訓令第一号）に示された一八六の名詞である。さらに、同様の漢字を使う複合の語であっても、動詞については、送り仮名の付け方の「本則」に従って書くことも定められている。「公用文作成の考え方」に出ている例としては、「入替え」→「入れ替える」、「申合せ」→「申し合わせる」等がある。送り仮名について、次の問題を解いて理解を深めよう。

次の条文中、傍線を引いたカタカナの箇所を、送り仮名に注意して、漢字とひらがな（送り仮名）で書きなさい。
〔1〕民法一二四条一項「トリケスことができる行為の追認は、トリケシの原因となっていた状況が消滅し、かつ、トリケシケンを有することを知った後にしなければ、その効力を生じない。」
〔2〕民法五七五条一項「まだヒキワタサレテいない売買の目的物が果実を生じたときは、その果実は、売主に帰属する。」
〔3〕同条二項「買主は、ヒキワタシの日から、代金の利息をシハラウ義務を負う。ただし、代金のシハライについて期限があるときは、その期限が到来するまでは、利息をシハラウことを要しない。」
〔4〕民事執行法一五二条二項「退職手当及びその性質を有する給与に係る債権については、その給付の四分の三に相当する部分は、サシオサエてはならない。」
〔5〕民法五一一条一項「サシオサエを受けた債権の第三債務者は、サシオサエゴに取得した債権による相殺をもってサシオサエサイケンシャに対抗することはできないが、サシオサエマエに取得した債権による相殺をもって対抗することができる。」
〔6〕民法四一四条一項本文「債務者が任意に債務の履行をしないときは、債権者は、民事執行法その他強制執行のテツヅキに関する法令の規定に従い、直接強制、代替執行、間接強制その他の方法による履行の強制を裁判所に請求することができる。」

この種の問題は、まず、名詞なのか動詞なのかを区別することから始まる。その次に、当該単語の後ろに別の漢字が付いて、独立した一語となっているか否かを判断する。設問〔1〕の「トリケス」は動詞であるから「取り消す」、「トリケシ」は名詞であり、かつ上記の一八六語の中の一であるから「取消し」、「トリケシケン」は、次に別の漢字が続いて、かつ独立した一語となっているので「取消権」となる。設問〔5〕の「サシオサエゴ」・「サシオサエマエ」は、当該語句の後ろに漢字が続くことは続くが、サシオサエの前か後かを表しているにすぎないので、「差押え後」・「差押え前」となる。最後の設問〔6〕の「テツヅキ」は、読み間違えるおそれのない複合の語に入っており、「手続き」ではなく「手続」となる。学生諸氏は、常に、各種レポートや答案において、正しく記載できるようにしておかなければならない。

Let's try

読み間違えるおそれのない複合の語の名詞（一八六語）をすべて確認しよう。

●な行

●は行

●ま行

●や行

●ら行

●わ行

●さ行

●た行

索　引

【著者】

眞田芳憲（SANADA Yoshiaki, 1937-2017）

1937年新潟県生、中央大学名誉教授、政法大学比較法研究所客座教授、2015年瑞宝中綬章受章、2017年逝去

主要著作

F・H・ローソン『イギリス法の合理性』（共訳、1965年）、P・ヴィノグラドフ『中世ヨーロッパにおけるローマ法』（共訳、1967年）、F・H・ローソン『英米法とヨーロッパ大陸法』（共訳、1971年）、『西洋法制史』（1973年）、A・Z・ヤマニー『イスラーム法と現代の諸問題』（1980年）、『イスラーム法の精神』（1985年）、『法社会学と比較法』（共訳、1987年）、M・アサド『イスラームの国家と統治の原則』（1989年）、『イスラーム法と国家とムスリムの責任』（1992年）、『法学入門』（1996年）、『イスラーム身分関係法』（共著、2000年）、F・シュルツ『ローマ法の原理』（共訳、2003年）、R・フォン・イェーリング『法学における冗談と真面目』（共訳、2009年）、『人は人を裁けるか』（2010年）、『〈大逆事件〉と禅僧内山愚童の抵抗』（2018年）、その他著書・訳書・論文等多数

【補訂者】

矢沢久純（YAZAWA Hisazumi, 1971- ）

1971年長野県生、北九州市立大学法学部教授、華東政法大学日本法研究中心客座教授、厦門大学法学院日本法研究中心客座研究員、博士（法学）

主要著作

『戦時司法の諸相』（共著、2011年）、『民事帰責範囲研究』（2013年）、徐国棟『民法基本原則解釈』（共訳、2018年）、その他著書・訳書・論文等多数

法令用語ア・ラ・カルト

2023年８月１日　第１版第１刷発行

著　者　眞　田　芳　憲
補　訂　矢　沢　久　純
発行者　山　本　継
発行所　㈱　中　央　経　済　社
発売元　㈱中央経済グループパブリッシング

〒101-0051　東京都千代田区神田神保町１－35
電話　03（3293）3371（編集代表）
03（3293）3381（営業代表）
https://www.chuokeizai.co.jp
印刷／㈱　堀　内　印　刷　所
製本／誠　製　本　㈱

＊頁の「欠落」や「順序違い」などがありましたらお取り替えいたしますので発売元までご送付ください。（送料小社負担）

ISBN978-4-502-47041-7　C3032